Zur Reform

des

deutschen Civilprozesses.

Zur Reform

des

deutschen Civilprozesses.

Eine kritisch-historische Studie

mit

Reformvorschlägen

von

Dr. juris Arnold Horn,

Rechtsanwalt in Freiburg im Breisgau.

Leipzig,

Verlag von Duncker & Humblot.

1893.

Vorrede.

Schneller als damals gedacht, erfüllt sich des Verfassers Voraussage, die dem hier als Anhang auszugsweise folgenden in den Annalen der bad. Gerichte Jahrgang 1889 veröffentlichten Aufsatz über Reform des Civilprozesses einleitend vorausgeschickt war, daß man über kurz oder lang an die Reform unsers im Anfang so hoch gepriesenen Gerichtsverfahrens, — insbesondere des landgerichtlichen — herantreten müsse. Nach wiederholten Zeitungsnachrichten beschäftigt sich nämlich die Reichsregierung mit dem Plane, die Kollegialgerichte durch erhebliche Zuständigkeitserweiterung der Amtsgerichte zu entlasten. Es werden daher im gegenwärtigen Zeitpunkt die Reformideen des Verfassers vielleicht einige Beachtung finden, zumal derselbe in der nachfolgenden neuen Arbeit auf Grund eingehender Studien bemüht war, denselben in historisch-kritischer Methode eine wissenschaftliche Grundlage zu geben. Da ein Praktiker, nach zwanzigjähriger Anwaltsthätigkeit, dieser letztern Aufgabe sich unterzog, so wird eine gewisse Nachsicht seitens der Rechshistoriker von Fach wohl erwartet werden dürfen.

Freiburg i. Brsg., Januar 1893.

Der Verfasser.

Inhaltsverzeichnis.

Einleitung.

Die nachstehenden Ausführungen knüpfen an einen als Anhang auszugsweise hier wieder abgedruckten Aufsatz feuilletonistischer Art an, in welchem vor einigen Jahren der Verfasser die in langjähriger Rechtsanwaltspraxis ihm eingeprägten Eindrücke über die Unzulänglichkeit der deutschen Civilprozeßordnung und zugleich Reformvorschläge niedergelegt hat. (Vergl. Annalen der Gr. bad. Gerichte 1889. No. 10 ff.) Die in diesem Aufsatz entwickelten Gedanken waren ohne weitere litterarische Vorstudien, gewissermaßen spontan aus der Erfahrung des Verfassers herausgewachsen; es fehlte dem Praktiker damals die Mußezeit, dieselben eingehender auf ihre wissenschaftliche, d. h. geschichtliche und innere rechtslogische Berechtigung zu prüfen.

Der Verfasser war und ist sich bewußt, daß ohne den Nachweis dieser wissenschaftlichen Berechtigung bloß der Praxis entnommene Kritiken und Verbesserungsvorschläge auf große Beachtung nicht rechnen können und darf daher auch nicht verwundert darüber sein, daß jener Aufsatz, wie es wenigstens den Anschein hat, ins Meer der Vergessenheit versunken ist. Es ist ja auch soviel unbedingt richtig, daß der Civilprozeß, ebensowenig wie er vom Standpunkt des Naturrechts oder rechtsphilosophischer Grundlage nach bloß spekulativer Methode aufgebaut werden kann, bloß nach praktischen Erwägungen konstruiert werden darf. Die Entwicklungsgeschichte ist die vornehmste Lehrerin sowohl für denjenigen, der eine im Laufe der Geschichte entwickelte sociale Lebenserscheinung nach ihrem Wesen ergründen und diesem Wesen gemäß dann theoretisch ausgestalten will, als auch für den Praktiker, der vom Nützlichkeitsstandpunkt aus Vorschläge zur Verbesserung des Gewordenen zu machen unternimmt. Das Eindringen in die historische Entwicklung ist es allein, was Utilitarismus und Spekulation ins harmonische Gleichgewicht zu bringen und dafür Bürgschaft zu leisten vermag, daß Logik nicht Scholastik, Nützlichkeit nicht Roheit und Willkür werde.

Der Aufgabe nun, die im besagten Aufsatz mehr angeregten als in fertiger Form bereits definitiv vorgeschlagenen Reformideen auf ihre wissenschaftliche Haltbarkeit zu prüfen, hat der Verfasser, eine ihm jüngst zu Teil gewordene Mußezeit benützend, in der nachfolgenden Studie sich zugewendet; einer Arbeit, die indessen gleichfalls den Anspruch einer erschöpfenden Darstellung nicht erhebt. Es genügt dem Verfasser, wenn diese Studie die Beachtung wissenschaftlicher und praktischer Kreise findet und für die unzweifelhaft über kurz oder lang zu erwartende Revision unserer Civilprozeßordnung einen — wenn auch nur geringen — Beitrag zu liefern vermag.

Daß nämlich eine Revision des Civilprozeßverfahrens unvermeidlich ist, kann dem aufmerksamen Beobachter der dreizehnjährigen Probezeit unserer Prozeßordnung kaum noch zweifelhaft erscheinen. Diese Reformbedürftigkeit und zwar speciell des Verfahrens vor den Kollegialgerichten, wird, wie es scheint, auch von der Reichsregierung anerkannt, wenn die Zeitungsnachrichten, daß man Erhebungen über Erhöhung der amtsgerichtlichen Zuständigkeit bis zu Streitwerthen von 800 Mark anstelle, auf Zuverlässigkeit beruhen. Eine solche Zuständigkeitsänderung würde zwar eine ganz wesentliche Entlastung der Kollegialgerichte, nach der dieselben mit gerechtem Grund seufzen mögen, bewirken. Immer aber bleibt denn doch für die übrigen Sachen (wie auch die dann erheblich vermehrten Berufungssachen) ein Verfahren bestehen, das die Kritik des anliegenden Aufsatzes vollauf noch verdient, und gleichzeitig tritt der große Nachteil ein, daß jene dem kollegialgerichtlichen Verfahren durch Kompetenzerweiterung der Amtsgerichte entzogenen Sachen sich mit der beim Amtsgericht unvermeidlichen Abkürzung des Verfahrens begnügen müssen, ohne — wie jetzt — die Wohlthat der Berufung an das Oberlandesgericht zu genießen. Nur mit gleichzeitiger Einführung einer Oberberufung an das Oberlandesgericht könnte jene Zuständigkeitserweiterung der Amtsgerichte ohne Benachteiligung des rechtssuchenden Publikums gewagt werden.

Die nachfolgenden, zur Rechtfertigung des anliegenden Aufsatzes gemachten Ausführungen kommen, wie hier einleitend vorausgeschickt werden soll, in ihrem ersten Teil zu dem Resultat, daß ein Hauptgebrechen unserer Prozeßgesetzgebung in einer einseitigen Auffassung vom Wesen und Begriff des Civilprozesses liegt. Es ist in derselben der dem gemeinen deutschen Prozesse zu Grunde liegende Gedanke nicht überwunden, daß Prozeß seinem Wesen nach stets ein von dem Gerichte zu entscheidender Rechtsstreit der privatberechtigten Parteien sei.

Diese Definition finden wir in dem trefflichen Werke Wetzells (System des ordentlichen Civilprozesses), wo es im

§ 62 heißt daß die allgemeinste Voraussetzung eines Prozesses ein konkretes, zwischen bestimmten Personen obwaltendes und der Kognition eines bestimmten Gerichts unterworfenes Streitverhältnis sei. Dieser gemeinrechtlichen Auffassung schließt sich auch noch an J. W. Planck, Lehrbuch des deutschen Civilprozeßrechts S. 193: „Das Civilverfahren ist die gesetzlich geordnete Thätigkeit der zur Erledigung bürgerlicher Rechtsstreitigkeiten eingesetzten Gerichte und der vor ihnen auftretenden Personen. Ihr Zweck ist, namens des Staats zuerst zu erforschen, dann festzustellen, wer Recht hat und inwiefern er Recht hat, und sodann dem Berechtigten nötigenfalls zu dem zu verhelfen, was ihm gebührt."

In der I. Abteilung der nachfolgenden Ausführungen (geschichtlicher Rückblick) soll nun der Nachweis geliefert werden, daß diese typische Auffassung des Prozesses als eines vom Richter zu entscheidenden Rechtsstreits zweier Parteien bei den hier allein maßgebenden Völkern (Römern und Germanen), bei letzteren bis zur Einwirkung des italienischen Prozesses, bei jenen bis zur Kaiserzeit keineswegs die maßgebende war. Bei den Germanen fehlte sie im Prozeßverfahren der Freien ganz; bei den Römern hat sich dieselbe erst allmählich mehr und mehr entwickelt, ohne jedoch vor der spätern Kaiserzeit zur allein herrschenden zu werden. Der Prozeß war bei diesen beiden Völkern nicht ein durch den Richter zu entscheidender Rechtsstreit; er war vielmehr entweder einseitige Rechtsperfekution oder, falls ein Streit zugelassen wurde, Selbstaustragung des Rechtshandels durch die Parteien, beides aber unter Kontrolle und Mitwirkung der Obrigkeit. —

Die historische Betrachtung des gemeinen deutschen

Civilprozesses wird zeigen, daß zufolge des Anwachsens des Absolutismus in Deutschland diese Principien der einseitigen Rechtsverwirklichung und der zweiseitigen Parteien-Selbstaustragung des Streits zurückgedrängt wurden von dem nunmehr allmächtig eingreifenden Gedanken, daß Prozeß ein vom Richter zu entscheidender Streit sei. (Dasselbe gilt für den Justinianeischen Prozeß.) Erst im französischen code de procédure kommt auf dem Kontinente der ursprüngliche Prozeßgedanke wieder einigermaßen zur Geltung. Die deutsche Prozeßordnung, welche nach Planck l. c. I S. 499, wenn auch mit erheblichen Abänderungen auf der Grundlage des gemeinen Prozesses aufgebaut sein soll, ist doch, wie sie überhaupt der französischen Prozeßreform viel zu danken hat, auch nicht unberührt geblieben von der Wiederaufnahme jener alten Grundprincipien des Prozesses bei Römern und Germanen.

Es ist dies nämlich der Fall da, wo von den drei Abteilungen der Verwirklichung des gemeinrechtlichen Prozeßbegriffs (Stoffansammlung, Aburteilung, Zwangsvollstreckung) etwa nur die erste oder dritte ins Leben tritt. Hier hilft sich die Theorie (Planck) mit der Aufstellung des Begriffs eines unvollkommen entwickelten Prozesses. Beispielsweise wird als solcher bezeichnet das Vollstreckungsverfahren auf Grund einer vollstreckbaren Notariats-Urkunde und das Verfahren zur Sicherung des Beweises.

Nun kann man wohl bei letzterm von einem unentwickelten Prozesse sprechen, ebenso auch bei der Arresterwirkung, insofern bei beiden der Rechtsstreit vor dem Richter das voraussichtliche Endziel des Vorgehens bildet, sonach in der That ein Anfang gemacht wird mit der Gestaltung des gerichtlichen Rechtsstreits. Völlig unzutreffend aber erscheint doch jener Notbehelf gegenüber dem Exekutionsverfahren auf Grund einer vollstreckbaren Urkunde. Hier haben wir nicht den Embryo, der sich planmäßig zu einem schulgerechten Rechtsstreit auszuwachsen bestimmt ist, sondern eine reife Frucht, sonst das fertige Endziel des Prozeßverfahrens, hier aber eine Frucht, die auf einem ganz andern Baum gewachsen ist, als auf dem stachligen Dornstrauch Rechtsstreit. Man wird also die Konzession machen müssen, daß hier der Gesetzgeber, um das beeinträchtigte Civilrecht unter staatlicher Autorität festzustellen und zu erzwingen, zu einem ganz andern Verfahren als dem des richterlich zu schlichtenden Rechtsstreitverfahrens gegriffen hat.

Ebensowenig aber kann man von einer Anwendung des letzteren und von einer unentwickelten Gestaltung desselben bei demjenigen Verfahren reden, das vorzüglich und mit eminentem Erfolge vom Gesetzgeber zu dem Zweck eingeführt worden ist, die größte Masse der Privatrechtsstörungen mit Vermeidung des Rechtsstreits aus der Welt zu schaffen, bei dem Verfahren nämlich des bedingten Zahlbefehls, dem Mahnverfahren. Dieses Verfahren ist zwar in seiner geschichtlichen Entwicklung aus dem Prozeßverfahren im engern Sinne (Rechtsstreit vor dem Richter) hervorgegangen, hat sich aber allmählich auf eigne Füße gestellt und ist in seiner heutigen Gestalt als Mahnverfahren eine völlig eigenartige Form der Rechtsverfolgung geworden. In den unzähligen täglich durch dieselbe zur rechtskräftigen Erledigung gelangenden Fällen, bei denen es sich nur darum handelt, den vom Trägheitsgesetz Gebrauch machenden Schuldner von seinem Ruhepolster mit obrigkeitlichem Nachdruck aufzuscheuchen, wird auch die schärfste Brille doch von einem Rechtsstreit nichts erblicken können. Das Ziel des Gesetzes und der betreibenden Partei geht auf Vermeidung des Rechtsstreits, letzterer entsteht nicht dadurch, daß sich infolge des Widerspruchs der Keim des Rechtsstreits zu letzterem entwickelt; sondern erst wenn das Mandatsverfahren durch den Widerspruch beseitigt worden ist, kann der Rechtsstreit begonnen werden. (Dies jedenfalls bei landgerichtlichen Sachen, vergl. § 640 CPO.)

Als ein selbständiges Verfahren der Privatrechtshilfe erscheint auch das Vergleichsverfahren, zumal wenn — wie im französischen Recht — es für alle kollegialgerichtlichen Klagen vorgeschrieben und das Erscheinen der Parteien im Termine (auch des Beklagten bei Vermeiden einer Geldstrafe) geboten ist. Bei genauerer Betrachtung aber wird man richtigerweise auch das Kontumacialverfahren nicht als ein in der Entwicklung steckengebliebenes Stadium eines Rechtsstreits auffassen dürfen. Dieses Verfahren erscheint auch keineswegs, wie in dem historischen Rückblick dargethan werden wird, in der Prozeßrechtsgeschichte überall als eine Art Rechtsstreit. Erst im Laufe der Entwicklung wird diese Auffassung eingebürgert, zum offenbaren Nachteil für die Brauchbarkeit des Kontumacialverfahrens selber.

In Wahrheit haben wir es da, wo das Kontumacialverfahren im einzelnen Fall bis zum rechtskräftigen Versäumniserkenntnis gediehen ist, nicht mit einem Rechtsstreit, auch nicht mit einem Stück Rechtsstreit zu thun, sondern mit einer Prozeßform, die grade so eigenartig ist wie das auf dem gleichen Gedanken beruhende Mahnverfahren. Dies wird insbesondere da klar, wo der Beklagte wegen Abwesenheit gar nicht die Möglichkeit hat sich zu verteidigen und einen Rechtsstreit zu beginnen. Die Fiktion, daß ihm die Ladung zugestellt sei, die weitere Fiktion, daß er zufolge seines Nichterscheinens die Klagbehauptungen zugestehe, das sind atavistische Hilfsmittel des Gesetzes, deren es bei richtiger Einsicht in das innere Wesen des Kontumacialverfahrens nicht bedarf. Diese Fiktionen können die Thatsache nicht aus der Welt schaffen, daß das einseitige Vorgehen der Partei vom Gesetz als zulässige Rechtsverfolgung anerkannt wird. Wie das bloße Faktum des Besitzes, ohne daß das Recht nachzuweisen wäre, vom Gesetz häufig als schutzberechtigt anerkannt wird, so anerkennt das Gesetz auch im Mahnverfahren und im Kontumacialverfahren den bloßen thatsächlichen Anspruch, ohne daß der Partei, die ihn geltend machen und erzwingen will, zugemutet wird, seine thatsächliche Begründung nachzuweisen oder gar durch einen Rechtsstreit feststellen zu lassen.

So erscheint denn endlich auch im Aufgebotsverfahren (Buch IX der CPO.) ein Verfahren, das mit einem Rechtsstreit keinerlei Ähnlichkeit hat, aber dennoch dem Civilprozeß, nicht aber, wie Seuffert, Kommentar, Einl. S. XXXVI wegen des Fehlens eines Prozeßgegners, offenbar also in Abhängigkeit von der Rechtsstreittheorie, meint, der jurisdictio voluntaria angehört. Auch hier wird die Perfektion des thatsächlichen Anspruchs vom Gericht zugelassen, weil kein Näherberechtigter gegen die Zulassung protestiert.

Anstatt solcher Definition des Civilprozesses, wie wir sie soeben bekämpften, würde es gewiß ratsamer sein, auf eine Definition überhaupt zu verzichten und mit Schultze (Privatrecht und Prozeß S. 18) zu sagen, daß der Begriff und das Wesen des Civilprozesses nicht abstrakt allgemein, gültig gefunden werden könne, daß es keinen allgemeinen d. h. für alle Zeiten maßgebenden und gültigen Begriff vom Wesen und Inhalt des Civilprozeßverfahrens gebe, wenn man sich nicht auf ganz allgemeine Bezeichnungen (wie „Verwirklichung des Privatrechts", „Rechtsprechung") beschränken wolle. An der Hand der geschichtlichen Entwicklung wird es freilich keineswegs unmöglich sein, eine wirklich sachgemäße und präcisere Definition, als diese allgemeine Bezeichnung, zu finden.

In dem zweiten Teil der nachfolgenden Ausführungen wird unter A. dargethan werden, inwiefern die Wiederaufnahme des Princips der einseitigen Rechtsperfekution und insbesondere des der Selbstaustragung des Rechtshandels durch die Parteien zu einer Vereinfachung unseres Prozeßverfahrens verwertet werden kann, und wie grade diese Gedanken im landgerichtlichen Verfahren in Verbindung mit der Einführung des im anliegenden Aufsatz vorgeschlagenen Vorverfahrens vor dem Gerichtsdeputierten eine wesentliche Verbesserung, Beschleunigung und Erleichterung herbeizuführen vermöchten.

Unter B. der zweiten Abteilung wird sodann dies Vorverfahren auch für die Gestaltung des Prozesses als des vom Kollegialgericht zu entscheidenden Rechtsstreits geprüft und gerechtfertigt werden.

Erste Abteilung.

Geschichtlicher Rückblick.

A. Vorwort.

Bevor in einem Volke die Staatsidee sich zu verwirklichen und den ihrer harrenden socialen Aufgaben, insbesondere der Herstellung der Ordnung, sich zuzuwenden beginnt, herrscht wohl stets jener Zustand gewaltsamer Ausgleichung der socialen Störungen von Person zu Person, in welchem die gleichen Mächte, die den Frieden störten, d. h. gewaltsame Selbsthilfe und Fehde, auch berufen sind zur Wiederherstellung des gestörten Friedens. Dieser Eigenmacht gegenüber Stellung zu nehmen ist die nächste, wichtigste Aufgabe des werdenden Staats, deren er sich zu entledigen hat durch Einrichtung eines obrigkeitlich geordneten Verfahrens, das statt der Gewalt die Rechtsstörung in Zukunft zu beseitigen berufen sein soll.

Das hiermit ins Leben gerufene Prozeßverfahren, insonderheit das zur Wiederherstellung der Störung privaten Rechts entstehende Civilprozeßverfahren wird nun naturgemäß seinem Inhalt und seiner Art nach hauptsächlich durch die Beschaffenheit desjenigen Faktors bestimmt, der es ins Leben rief, durch den Lebensinhalt und Charakter des jungen Staatswesens selber. Bildet sich eine Priesterkaste zum Staatswesen um oder konzentriert sich der Staatsbegriff, ohne organisch aus freiem Volksleben entsprossen zu sein, in den Persönlichkeiten übermächtiger Eroberer und Volksbezwinger, so wird zugleich mit der Freiheit des Volks auch kurzer Prozeß gemacht mit der bisherigen Selbstverteidigung des Privatrechts. Die Selbsthilfe wird kurzweg ausgerottet und der in seinem Recht Gekränkte lediglich an den Schutz der Behörde verwiesen. Damit ist dann der Civilprozeß zu einem bloßen Bitt=, Beschwerde= und auch zugleich Gnade=Verfahren degradiert, und der Entwicklung desselben zu einer selbständigen begrifflichen Wesenserscheinung im Gebiet des Rechtslebens der eigentliche Nährboden entzogen. Insbesondere kann auch eine Differenzierung des Civilverfahrens gegenüber dem polizeilichen und strafrechtlichen Verfahren hier sich schwerlich ausbilden. Die Kadi= und Sultan=Justiz, wohl auch die Rechtsprechung eines Salomo bieten den Typus für solches Rechtsverfahren.

In durchaus ungenügender Weise kann es auch nur bei solchen Völkern zur Differenzierung eines selbständigen Civilverfahrens kommen, bei denen die herrschende Klasse der Freien (das eigentliche Volk) zwar selber zum Erzeuger und Träger der Staatsidee herauswächst, andererseits jedoch die Persönlichkeiten der freien Volksgenossen von der Staatsidee, zwar nicht wie in der Theokratie und Despotie unterjocht, aber doch gewissermaßen mit ihrer privaten Existenz förmlich aufgesogen werden. Wo, wie in den hellenischen Städte=Republiken, der Anteil am Staatsleben alle Freien despotisch erfaßt, wo die öffentlichen Rechte alle Aufmerksamkeit konzentrieren, kommt die Differenzierung des Privat=

rechts und des besonderen Privatverfahrens zu kurz. Wie in Despotieen bildet sich letzteres mehr nach Gesichtspunkten der Utilität und polizeilichen Rücksichten, nicht aber nach festen privatrechtlichen Regeln.

Nur bei den Völkern, bei denen einerseits aus freiem Volk heraus eine freie Staatsbildung organisch herauswächst, und andererseits doch die Individuen nicht von diesem Staatswesen aufgesogen, sondern in ihrer privaten Sphäre ungeschoren bleiben wollen, kann sich auch eine organische, ungezwungene, somit das Wesen desselben nach innerem Entwicklungsgesetz entfaltende Darstellung des Civilprozesses herausbilden.

Von den beiden hier allein in Betracht kommenden Völkern, Römern und Germanen, sind es die ersteren, bei denen letzteres am meisten zutrifft. Bei ihnen tritt uns vom Beginn ihrer Geschichte eine scharfe Scheidung der Persönlichkeit des Staats und der gleichberechtigten des Bürgers entgegen. Beansprucht nun auch der letztere vollen Anteil am Staatsleben und wendet politischen Macht- und Freiheitskämpfen leidenschaftliches Interesse zu, so hält er doch ebensosehr fest an der Sonderung seiner Privatrechtssphäre und daran, daß auf diesem Gebiete er allein Herr und Meister sei. Bei den Römern also muß sich auch ein speciell dem Civilrecht dienendes Prozeßverfahren am schärfsten entwickelt haben, schärfer und logischer als bei den Germanen, bei welchen — schwachen Anfängen selbständiger Rechts- und Staatenbildung gegenüber — der einzelne Volksgenosse in seine privatrechtliche Freiheits- und Herrschaftssphäre auch öffentliche Rechte, als wären es Privatrechte, inkorporierte.

Beide Völker mußten jedoch wegen ihrer eifersüchtigen

Heilighaltung der Privatrechtssphäre sich bei Beginn der Staatsbildung gegenüber der gewaltsamen Selbsthilfe und Fehde insofern gleichheitlich verhalten, als ihnen nicht in den Sinn kommen konnte, diese Privatmacht einfach auszurotten; sie konnten bloß die Regelung und Organisierung derselben durch die Staatsmacht einräumen. Bei den Römern werden wir nun allerdings, was diesen Punkt ihrer Entwicklung anbetrifft, in das Gebiet der Sage verwiesen. Historisch tritt ja der römische Staat fertig — wie Minerva aus Jupiters Haupt steigend — ans Licht der Geschichte. Das außerstaatliche, gesetzlich nicht geregelte Faust- und Fehderecht war offenbar schon überwunden zur Zeit, als aus dem bereits einigermaßen staatlich geordneten latinischen Bauern-Volke mit seiner Agrarverfassung die Gemeinde Rom sich sonderte und zum krystallisierenden Centrum des Landes heranwuchs.

Im Lichte der Geschichte aber treten uns mit aller Schärfe als regelmäßige Prozeßarten bei den Römern entgegen: einmal und zunächst die staatlich geregelte Selbsthilfe, sodann aber daran sich anschließend das Princip der Selbstaustragung des Streits durch die Parteien. In Deutschland dagegen sehen wir noch den Kampf zwischen ungesetzlicher Eigenmacht (Faust- und Fehderecht) und den Versuchen, beides staatlich zu organisieren, ein Kampf, der vollkommen überhaupt nicht gelöst wurde, sondern erst dann aufhörte, als das neue Princip der souveränen Fürsten- und Staatsmacht am Ausgang des Mittelalters mit vollständiger Zurückdrängung der Selbsterledigung des Rechtsstreits durch die Parteien dem Staatsbeamten die Hauptrolle bei der Schlichtung der Rechtshändel übertrug.

Bei der staatlich organisierten Selbsthilfe und Selbsterledigung der Streitigkeiten durch die Parteien liegt nun zunächst der Gedanke noch in den Windeln, der bei uns leider zur Alleinherrschaft gelangte, daß Prozeß ein vom Richter zu entscheidender Rechtsstreit sei. Dies zeigt sich am deutlichsten bei der Betrachtung des römischen Prozesses insbesondere des Legisaktionen-Prozesses, dem wir zunächst unsere Aufmerksamkeit zuzuwenden haben.

B. Der römische Civilprozeß.

Man hat sich das richtige Verständnis des römischen Legisaktionen-Prozesses geradezu dadurch erschwert, daß man bei seiner Betrachtung den vorgefaßten Gedanken an das Vorhandensein eines vom Richter zu entscheidenden Rechtsstreits nicht loswerden konnte.

Nun ist es zwar richtig, daß schon zur Königszeit, wie auch nachher, in Rom staatliche Gerichte bestanden, die Rechtsstreitigkeiten durch Urteil zu entscheiden hatten. (Decemviral- und Centumviral-Gericht). Wegen des mit gewissen Rechtsangelegenheiten verknüpften öffentlichen (beispielsweise fiskalischen) Interesses war es unzuläſſig, die Austragung solcher Streitigkeiten lediglich den Privaten zu überlassen; die Kognition und Entscheidung durch staatliche Organe (Richter im heutigen Wortsinn), war im Staatsinteresse geboten. (Vergl. Puchta, Institutionen II, § 153, der die Streitigkeiten über das caput civis, die Persönlichkeit des Bürgers, dem Decemviralgericht, Streitigkeiten aber über den Teil des Vermögens, nach dem sich die öffentlichen Leistungen bestimmen, für die spätere Zeit dann auch Erbschaftsangelegenheiten dem Centumviralgerichte zuweist.)

Ferner ist auch nicht zu übersehen, daß man das Vorhandensein einer extraordinaria cognitio (der Magistrate, Könige, Konsuln und Prätoren), schon für die früheste Zeit des römischen Staats annehmen muß. Eine derartige polizeiliche Rechtspflege (Kadi-Justiz), wenn sie auch für den rein privatrechtlichen Verkehr der Bürger ausgeschlossen war, konnte doch der Natur der Sache nach für diejenigen Fälle, für welche in späterer, geschichtlicher Zeit die cognitio extraordinaria erwähnt wird (siehe unten) unbedingt nicht entbehrt werden.

Was aber die eigentliche, vom öffentlichen Staatsinteresse nicht direkt berührte Privatrechtssphäre der römischen Bürger anbetrifft, so fehlte es (cf. beispielsweise Jhering, Geist des römischen Rechts. Bd. I, § 12) für die Ausgleichung etwaiger Störungen derselben in den ältesten Zeiten überhaupt an einem gerichtlichen Verfahren, und diejenige Theorie, welche unter Prozeß lediglich das letztere und speciell den vor dem Gericht geführten und vom Gericht zu entscheidenden Rechtsstreit versteht, würde dort vergebens nach einer Verwirklichung dieser Definition zu suchen haben.

Vom Standpunkt dieser Definition aus ist man absolut nicht berechtigt, das älteste römische Verfahren zur Ausgleichung von Privat-Rechtsstörungen den „Legisaktionen-Prozeß" zu nennen. Die legis actio bestand nicht im geringsten in der Anrufung richterlicher Hilfe. Sie war vielmehr Selbsthilfe. Aber sie war nicht willkürliche, ungeordnete Eigenmacht, sondern ein Privatzwangsverfahren, das gesetzlich an gewisse Voraussetzungen und Formen gebunden, also staatlich geregelt und organisiert war, und unter Kontrolle der Obrigkeit von statten ging.

Dieser Charakter der legis actio tritt klar und bestimmt hervor bei den ältesten Legisaktionen, der der manus injectio und der pignoris capio. Bei beiden erscheint das Verfahren als außergerichtliche Durchsetzungs- und Vollstreckungsbefugnis (Demelius: legale Rechtsdurchsetzung durch den actor; Rechtsperfektion). Und so energisch ist dieser Charakter der einseitigen, privaten Persekutionsbefugnis bei der manus injectio (Handanlegung an den Schuldner), daß gegen dieselbe ein Widerspruchsrecht des Schuldners ursprünglich überhaupt gar nicht statthaft war. Nur die Stellung eines vindex war gestattet. Wer ihn nicht beibringen konnte, verfiel schutzlos dem actor. Erst die spätere Entwicklung brachte es dann mit sich, daß dem Beklagten für gewisse Fälle gestattet wurde, manum sibi ipse depellere, d. h. als sein eigner Vindex aufzutreten und einen Rechtsstreit zu eröffnen.

Zur Erklärung dieser Thatsache, daß man in einem Rechtsstaate, als welcher der römische Staat doch von früh ab sich darzustellen bestrebte, mit solcher einseitigen privaten Verwirklichung des Privatrechts durch den Berechtigten auskommen konnte, wird von den Rechtshistorikern insbesondere auf die eigentümliche Gestalt und Form des altrömischen Privatrechts hingewiesen. Dieses Privatrecht, wenn es auch in der autonomen Freiheitssphäre des Individuums wurzelte, wurde doch — im Gegensatz zu den germanischen Völkern, wo das Privatrecht ungebührlich lange in der subjektiven Sphäre der Individuen schlummernd stecken blieb — schon sehr früh der subjektiven Willkür und jedem Hin- und Herschwanken durch Kodifikation entzogen, zuerst wohl schon unter Servius, dann aber durch die XII Tafel-Gesetzgebung. Nun war das Privatrecht in klaren Sätzen, in ehernen für Jedermann leicht erkennbaren Zügen objektiviert worden. In der lex stand es deutlich und offensichtlich geschrieben, was an Privatrechten dem Bürger zustehe. Das Gesetz — weder vergraben in den Bücherschränken der Juristen, noch auch versteckt und zersplittert in unklaren, zweifelhaften Gewohnheiten und Traditionen — sprach selber mit lauter deutlicher Stimme auf offenem Forum aus, was Rechtens sei; es war gewissermaßen sein eigner judex. Die lex gab dem Bürger mit seinem Recht auch gleichzeitig die Befugnis zur Verteidigung und Zwangsvertretung desselben; mit dem jus gab sie auch die im jus immanente actio (legis actio), d. h. nicht etwa eine Klage in unserm Prozeßrechtssinne, sondern die Befugnis zur Zwangsbethätigung (agere: wohl zu übersetzen mit bethätigen oder thätigen) des Privatrechts gegen Jeden, der es nicht achtete.

Daß nun eine solche Privatperfektution des Privatrechts als eine Prozeßform gelten soll, mußte logischerweise diejenigen Rechtshistoriker befremden, die — im Bann der gemeinrechtlichen Prozeßdefinition — in einem Prozeß nur und allein den vor Gericht geführten Rechtsstreit erblicken. So hat selbst Jhering (Geist des römischen Rechts I § 11c, 2. Aufl.) noch an der Bezeichnung der beiden genannten Legisaktionen als Prozeßarten Anstoß genommen. Er läßt sie als solche zwar gelten, aber doch nur dann, wenn zufolge Widerspruchs des Exequendus — bei der manus injectio also nach Stellung des Vindex — es zu einem Justifikationsverfahren vor dem Prätor komme. Im Falle aber, daß dies nicht geschehe, sieht er in beiden Legisaktionen lediglich Formen „solenner Selbsthilfe", die man nicht als Prozeßarten bezeichnen dürfe.

Richtiger Auffassung nach sind jedoch beide Legisaktionen auch ohne nachfolgendes Justifikationsverfahren wirkliche Arten des Prozeßverfahrens, oder — um das hier klarer sprechende deutsche Wort zu nehmen — des bürgerlichen Verfahrens, grade so gut, wie in den modernen Prozeßordnungen das Vollstreckungsverfahren auf Grund exekutorischer Urkunden eine Prozeßart heißen muß. Was Jhering solenne Selbsthilfe nennt, ist nichts anders als ein vom Staat statt der willkürlichen und regellosen Eigenmacht zugelassenes und angeordnetes, staatlich geordnetes, staatlich überwachtes, wie auch geschütztes und unterstütztes Privatcivilverfahren, dem der Name Prozeßart grade so gut zukommt, als dem ebengenannten Privatexekutionsverfahren des modernen Prozeßrechts oder auch dem Mandatsverfahren desselben, welches ja (vergl. weiter unten) seinem Wesen nach nichts anderes ist, als private, einseitige Rechtsverwirklichung. — Es ist in Bezug auf diesen Charakter der Legisaktionen denn doch auch zu berücksichtigen, daß eine Mitwirkung der Obrigkeit stets hinzutritt; allerdings keine richterliche, sondern eine imperative, polizeiliche oder öffentlich-rechtliche. Der actor bei der manus injectio ist verpflichtet, den von ihm Verhafteten vor den Prätor zu führen, der zweifellos die äußere Legalität der einseitigen Rechtsverfolgung zu kontrollieren hatte. War nun diese vorhanden, dann war für den Verhafteten doch vor dem Magistrat Gelegenheit geboten, mit obrigkeitlicher Hilfe sich zu befreien, falls ein vindex für ihn eintrat. Fand sich kein vindex, so war mit stillschweigender oder ausdrücklicher Sanktion der Obrigkeit das Civilverfahren des Berechtigten erledigt; die Privatperfekution desselben fand ihren ungehinderten Lauf; der Prozeß war zu Ende, ohne Richter, ohne Rechtsstreit, ohne das, was Ihering Justifikationsverfahren nennt.

Fand sich aber ein vindex, so konnte es nunmehr allerdings zu einem Rechtsstreit kommen. Aber — was Ihering nicht genügend zu beachten scheint — nicht mit demjenigen, gegen den die legis actio ging, nicht mit dem Verhafteten, sondern mit dessen vindex. Der Rechtsstreit mit dem letzteren gehörte also gar nicht mehr zur legis actio per manus injectionem, er war ein neuer, selbständiger Prozeß, in einem selbständigen Verfahren — ähnlich wie das in unserm Prozeßrecht bei der Widerspruchsklage gegen eine Vollstreckung geschieht — auszutragen.

Einen ähnlichen Verlauf aber scheint auch die pignoris capio gehabt zu haben; ein Rechtsstreit gegen die Privatpfändung dürfte auch da als ein neuer Prozeß, als ein Widerspruchs-, Einspruchs-Prozeß anzusehen sein.

Nun erhebt sich jedoch die wichtige Frage, in welcher Weise wurde ein solcher Rechtsstreit dann überhaupt erledigt?

Nach Iherings Ausführungen war es ursprünglich überhaupt nicht Sache des Staates, reine Privatrechtshändel durch Richter zum Austrag zu bringen. Die Parteien seien auf friedliche Ausgleichung angewiesen gewesen, die sie hauptsächlich durch schiedsrichterliches Verfahren herbeigeführt hätten. Freilich trat allmählich mehr und mehr an den Staat die Aufgabe heran, für gerichtliche Erledigung wirklicher Rechtsstreite zu sorgen. Seine Beamten (Prätoren) sorgten daher in den vor ihr Forum gebrachten Angelegenheiten, die zu richten sie nicht befugt waren, zunächst für freiwillige Einsetzung des Schiedsgerichts. Aus der gütlichen Beredung aber wurde naturgemäß sehr bald der Befehl. Der Prätor gab den Parteien, auch wenn sie sich nicht über einen Schiedsrichter einigen konnten, ex officio den arbiter, den judex und ordnete, nachdem er in jure verhandelt, das judicium an.

Erst von diesem Augenblicke an kann auf dem Gebiete des reinen Privatrechts von einem Gerichtsverfahren, von einem Rechtsstreit vor Gericht überhaupt geredet werden.

Aber auch dann blieb noch herrschend der Gedanke, daß principiell doch die Privatparteien es sind, die ihren Rechtshandel selber austragen.

Diesen Charakter des Prozesses als eines zwar vor der Obrigkeit, aber nicht von derselben sondern von den Parteien selber auszutragenden Rechtsstreits trägt unverkennbar an sich die dritte Legisaktionenform, die legis actio per sacramentum. In diesem Verfahren wurde zunächst der Beklagte durch den Kläger mittelst der in jus vocatio vor den Magistrat (Konsul; Prätor) citiert. Hier bethätigte dann in feierlicher Rede (wahrscheinlich in der frühesten Zeit mit Eid, später durch Deponierung einer Geldsumme) der Kläger seinen Anspruch. War der Beklagte erschienen und widersprach er dem Anspruch nicht, so mußte aus dem Princip, wonach der Privatberechtigte sich selber zu schützen hatte, folgen, daß des Klägers Rechtsanspruch nunmehr für unzweifelhaft und vollziehbar zu gelten hatte (confessus in jure pro damnato habetur). Es war die sofortige Exekution zu gewähren (manus injectio nach den XII Tafeln, später missio in bona, endlich Pfändung). Schultze (Privatrecht und Prozeß) faßt diese Anspruchsbethätigung als ein Urteil des Klägers auf, das mangels Widerspruchs des Beklagten sofort rechtskräftig werde.

Jedenfalls aber ist der Ausspruch: „ajo hanc rem meam esse ex jure Quiritium“ keine bloße Klagebehauptung in unserm Wortsinne, sondern eine mit der Wirkung eines bedingten Urteils geltend gemachte Anspruchsbethätigung.

Bestritt aber der in jure erschienene Beklagte den klägerischen Rechtsanspruch, wofür er gleichfalls seinen Eid, bezw. eine Geldsumme einzusetzen hatte; so wird doch eigentlich keine richterliche Kognition und Aburteilung des Rechtsstreits erstrebt. Es handelte sich, wie Jhering ausführt, vielmehr um eine Art Wette; das Gericht hatte jedenfalls — soviel scheint in dieser etwas dunklen Materie festzustehen — nicht zu kondemnieren oder zu absolvieren, sondern in seiner sententia sich auf den Ausspruch zu beschränken, daß es das sacramentum der Partei, die nach seinem Ermessen Recht habe, für justum und das der Gegenpartei für verwirkt erkläre. Es handelte sich offenbar mehr um eine Begutachtung der beiderseitigen Ansprüche, als um eine Entscheidung in unserm Sinne.

Eigentümliche Schwierigkeiten aber bereitete dem römischen Prozeß der Fall des Nichterscheinens des in jus vozierten Beklagten. War in diesem Falle mit der manus injectio und pignoris capio, weil deren gesetzliche Voraussetzungen nicht vorlagen, Nichts zu machen; so fehlte es zunächst an einem Wege dem Beklagten beizukommen. Einen Gerichtszwang gab es nicht, weil ja der Staat prinzipiell den Parteien die Austragung des Streits überließ. Erst als allmählich der Staat es als seine Aufgabe erfaßte, dem Privatvorgehen des Verletzten zu Hilfe zu kommen, fand sich ein Auskunftsmittel. Der Prätor gab dem Kläger, den die legis actio per manus injectionem und pignoris capionem in Stich ließen, gegenüber dem ausgebliebenen (wie auch dem die Antwort weigernden) Beklagten die Befugnis zur kontumazialen Selbstverwirklichung seines Anspruchs; er handelte in analoger Weise, wie wenn einer jener beiden Legisaktionenfälle vorgelegen hätte. Dem Kläger wurde die sofortige Exekution gewährt, allerdings nicht wie bei jenen Legisaktionen durch Personal-Exekution oder Fahrnißpfändung, aber doch durch missio in bona, die den Beklagten schon mürbe zu machen vermochte (s. Puchta, l. c. S. 81, 82).

Je mehr und mehr nun im Laufe der Geschichte die wirtschaftlichen und rechtlichen Verhältnisse verwickelter wurden, umsomehr wuchs natürlich auch das Bedürfnis nach richterlicher Kognition schwer zu lösender Rechtskomplikationen. Es traten zwei Formen der legis actio auf, die dieses Bedürfnis zu befriedigen bestimmt waren, die legis actio per judicis seu arbitri postulationem und die per condictionem, die direkt auf Bestellung eines judicium abzielten.

Aber auch bei diesen Prozeßformen wird denn doch, ehe die Sache an den judex gelangt, zunächst im Verfahren vor dem praetor eine nichtgerichtliche, eine Selbsterledigung der Streitigkeit durch die Parteien selber angestrebt. Hier tritt die Erledigung der Sache durch confessio, durch Kontumacial-Exekution, durch Transakt in Wirksamkeit. Es tritt aber noch eine neue Form der Selbstaustragung des Streits durch die Parteien hinzu, die Erledigung durch die von der lex Silia eingeführte Eideszuschiebung.

Die Erklärung dieser Einrichtung muß jedenfalls davon ausgehen, daß die Parteien ihren Rechtsstreit ohne Richterspruch selber zu erledigen haben und deshalb vom Staat, der die gewaltsame Austragung des Rechtshandels nicht dulden kann, in ein Prozeßrechtsverhältnis mit gegenseitigen Rechten und Pflichten versetzt werden müssen, die geeignet sind, diese Erledigung friedlich und dem materiellen Recht entsprechend herbeizuführen.

Zu äußerlich erscheint es jedoch, wenn man in Verfolgung dieses Gedankens das Institut der Eideszuschiebung als eine Art Zwangsvergleich auffaßt, wonach auf die Vergleichsofferte des A, der Streit solle abhängen in erster Reihe vom Eide des B, eventuell aber von dem des A, der Gegner B zur Annahme der Offerte nach der einen oder andern Richtung gezwungen werde. Mit der Annahme oder Rückschiebung des Eides soll dann der Vertrag perfekt geworden sein. Einer solch künstlichen, fiktiven Konstruktion bedarf es jedoch nicht. Es genügt vollkommen zur Erklärung des Instituts die Erwägung, daß der Staat dem Delaten die Prozeßrechtspflicht auf gegnerischen Antrag auferlegt, seinen Widerspruch gegen dessen Vorbringen, wenn er damit gehört werden will, feierlich zu bekräftigen, einer Pflicht, der er sich — bei Vermeiden der Folgen der Antwortsweigerung — nur dadurch entziehen kann, daß er entweder selber Beweise bringt oder sich des Gegners Eid unterwirft. Derjenige aber, der seine Rede beschwört, entscheidet selber mit seinem Wort den Prozeß, er spricht selber das Urteil, ist gewissermaßen selber judex! (Vgl. lex I pr. D. quarum rerum actio, 44,5: jusjurandum vicem rei judicatae obtinet, non invito cum ipse quis judicem adversarium suum de causa sua fecerit deferendo ei jusjurandum.) Es fehlte an der logischen Möglichkeit zur Bestellung eines judicium, da die Sache durch die in erster Reihe kompetente Parteithätigkeit rechtskräftig bereits erledigt war.

Das sodann von der lex Aebutia eingeführte neue Verfahren des Formularprozesses scheint nun bei oberflächlicher Betrachtung seinen Schwerpunkt in der Herbeiführung grade des judicium gehabt zu haben. Die Bezeichnung desselben ist ja auch von demjenigen Prozeßakte hergenommen, mittelst dessen der Prätor das Stadium des vom Richter durch sententia zu entscheidenden Rechtsstreits eröffnet. Es scheint also dem ersten Eindruck nach in der That die Auffassung jener Rechtshistoriker richtig zu sein, welche meinen, daß im Formularprozeß das Verfahren vor dem Magistrat (in jure) eigentlich nur den einen Zweck gehabt habe, einen bestimmten, genau abgefaßten und schriftlich erlassenen Ausspruch in der Formula zu gewinnen, durch den der judex ernannt und vom Prätor mit seiner Aufgabe befehlsweise bekannt gemacht werden sollte (Keller-Wach S. 112). So sagt Puchta (Inst. II, § 150): „Den Magistraten kam nicht die Untersuchung des Falls und Entscheidung des Rechtsstreits selbst zu. Ihre Thätigkeit war vielmehr nur eine vorbereitende, sie hatte die Feststellung der streitigen Punkte, dessen, was der Kläger forderte und der Beklagte bestritt oder verweigerte, die prozessuale Gestaltung der beiderseitigen Anträge und unter Umständen die Bestellung des Gerichts zum Zweck.“ Bethmann-Hollweg bezeichnet das Verfahren in jure als die „Eröffnung und Instruktion des Prozesses“.

Wir haben nun schon gesehen, daß das Verfahren in jure während des Legisaktionenprozesses einen viel tiefergreifenden Inhalt hatte, als die bloße Vorbereitung des Prozesses und diesen Inhalt hat dasselbe auch während der Periode des Formularprozesses behalten. Nach wie vor fand in diesem Verfahren die einfache Rechtsperfektion und die zweiseitige Selbstaustragung des Prozesses durch die Parteien statt, nach wie vor wurden in jure eine große Anzahl von Sachen (abgesehen von Vergleichen, welche die imponierende mit der ganzen staatlichen Machtfülle bekleidete Gestalt des Prätor gewiß leichter als der moderne Staatsdiener zu stande brachte) durch confessio, Verzicht, Kontumacialdekret, jusjurandum ohne richterliche Thätigkeit erledigt.

Der Schwerpunkt der ganzen Reform der lex Aebutia lag ja zunächst in Wirklichkeit gar nicht in der durch dieselbe eingeführten Umgestaltung des Prozeßverfahrens, sondern vor allem in der Veränderung der Funktionen des Prätors. War dieser nämlich zur Zeit des Legisaktionen-Verfahrens (abgesehen von seiner extraordinaria cognitio) mehr nur Urkundsperson und staatlicher Kontrollbeamter des Parteistreits gewesen, so wurde ihm jetzt eine ganz neue Machtstellung verliehen. Er wurde Gesetzgeber.

Die legis actio als Privatperseкution der Partei hatte ihre unmittelbare Quelle in den ehernen Sätzen des jus strictum. Diese aber zeigten sich unzureichend gegenüber den neuen Verkehrs-, Erwerbs- und Lebensverhältnissen im socialen Körper der riesig wachsenden Roma, und konnten nicht genügen den stets verwickelter sich gestaltenden Rechtsverhältnissen der Bürger (und Nichtbürger). — Da nun eine fortlaufende Gesetzgebung dieser Insuffizienz nicht abhalf, so wurde der im Rechtsleben mitten drin stehende Prätor durch die lex Aebutia dazu berufen neues Recht zu setzen, er wurde berufen ad confirmandum, supplendum et corrigendum jus civile.

Er war insbesondere berufen in dem einzelnen vor

sein Forum gezogenen Rechtsfall zu bestimmen, was Privatrecht sein solle. Seine Aufgabe war also nicht die unseres modernen Richters, zu untersuchen, was das herrschende Gesetz, sei es direkt sei es per analogiam, über den vorliegenden Rechtsfall sage, sondern sie war legislatorischer Art, Rechtserzeugung für den grade vorliegenden Fall. Gab das Gesetz selber früher die actio, den Rechtsanspruch, die Rechtsperfekution, so verlieh jetzt bei der Insuffizienz des Gesetzes der Prätor die actio, die auch hier im Formularprozeß durchaus mit unserer Klage keine Verwandtschaft hat, sondern die gleiche Bedeutung wie im Legisaktionenprozeß beibehielt. Ebenso verlieh der Prätor kraft seiner legislativen Macht auch die exceptio, das die Klage zerstörende Gegenrecht. —

Schon von diesem Standpunkt der prätorialen Machtfülle aus betrachtet, konnte das Verfahren in jure kein bloßes Instruktionsverfahren sein.

Wenn die Parteien vor dem Prätor erschienen, so handelte es sich, wie bereits gesagt, zunächst um die etwaige Erledigung der Sache durch die Thätigkeit der Parteien selber. Was speciell die contumacia angeht, so wird aus der veränderten Machtstellung des Prätors sich die Konsequenz ergeben haben, daß er im Fall der indefensio den Anspruch des Klägers zu prüfen (nicht beweislich zu untersuchen) hatte und im Fall der rechtlichen Unbegründetheit des Anspruchs zur denegatio actionis kommen konnte. War der Anspruch aber rechtlich fundiert und thatsächlich schlüssig, so traten die Kontumazialfolgen ohne Urteil ein, die Exekution wurde alsbald zugelassen. (Hierbei interessiert es an dieser Stelle nicht, näher einzugehen auf die verschiedene Behandlung dessen, der trotz Ladung böslich nicht erschien im Gegensatz zu dem, der edictaliter zu laden war u. s. w., vergl. Puchta II S. 81.)

Trat der Beklagte aber dem Kläger vor dem Prätor bestreitend oder einredend entgegen, und gelang es nicht, den Prozeß durch das Selbstaustragungsrecht der Parteien (z. B. Eideszuschiebung) zu erledigen, so hatte nunmehr ein oft recht umfangreiches, durch Vorträge von Rechtsanwälten kompliziertes mündliches Verfahren vor dem Prätor stattzufinden. Es hatte den Zweck, dem letztern Klarheit darüber zu verschaffen, ob er actionem bewilligen oder verweigern solle, ob er der bewilligten actio sofort zur Exekution stattgeben oder eine noch bedingte Kondemnation (per formulam) sei es mit sei es ohne Aufnahme einer exceptio anordnen solle. Nach unserer modernen Auffassung entwickelt der Prätor hierbei eine Richterthätigkeit. Der römischen Auffassung aber dürfte das nicht entsprechen. Der Prätor handelt hier nicht als judex sondern als Gesetzgeber und Exekutivbeamter. (Vergl. l. 1 D. de jurisd., das latissimum officium jus dicentis ermächtigt den praetor bonorum possessionem dare, in possessionem mittere, tutores constituere, judices litigantibus dare; es fehlt ihm aber hiernach die Befugnis selber judex zu sein.) Die Entscheidungen des Prätors in jure sind daher keine Urteile, sondern bloße Dekrete, mittelst deren er die Rechtsverfolgung durch die Parteien genehmigt oder hindert.

Für unsere hauptsächlich zur Rechtfertigung des im anliegenden Aufsatze vorgeschlagenen Vorverfahrens im landgerichtlichen Prozeß vorgenommene historische Betrachtung interessiert aber insbesondere auch das Ergebnis, daß das Verfahren in jure vor dem Prätor ein außerordentlich fruchtbares Mittel zur Abschneidung förmlicher vom Gericht zu entscheidender Rechtsstreitigkeiten war. In kürzester Zeit ist hier unzweifelhaft ein außerordentlich großer Prozentsatz aller Prozesse erledigt worden, indem einmal dem Selbsthilfeverfahren der Parteien größte Freiheit gegeben war und andererseits auch Prozesse, die wegen ihrer einfachen Rechtslage ein judicium unnötig machten, kurzer Hand erledigt wurden (vgl. Keller-Wach S. 254). Diese Resultate mußten noch bedeutender sich gestalten durch die ausgezeichneten Einrichtungen gegen bösliches Prozessieren (Calumnien-Eid; poenae temere litigantium, Kautionen).

Kam es aber doch zum judicium, so war bereits durch das Vorverfahren eine ganz erhebliche Vereinfachung der ganzen Sache, insbesondere durch Vorweg-Entscheidung über Vorfragen aller Art erzielt worden. Die Funktion des Prätors war somit nicht bloß eine prophylaktische, dem Rechtsstreit vor dem Richter womöglich vorbeugende, Prozesse abschneidende, sondern in eminenter Weise auch eine im einzelnen Fall den Prozeßstoff vereinfachende, aufräumende Thätigkeit.

Um dieser friedensstiftenden Thätigkeit des römischen Prätors völlig gerecht zu werden, wird man auch seine extraordinaria cognitio nicht außer Acht lassen dürfen. In dieser hatte er eine wirkliche Richterthätigkeit allerdings auszuüben. Sie fand ihr Feld in Fällen, die außerhalb der den freien Bürgern vorbehaltenen Privatrechtssphäre lagen. Nach Puchta (Inst. II, S. 216) wurden hier verhandelt die Beschwerden der Sklaven über ihre Herren, der Freigelassenen über ihre Patrone und umgekehrt, der Kinder über ihre Väter und umgekehrt, Alimentationsansprüche zwischen Eltern und Kindern, Streitigkeiten zwischen Patronen und Freigelassenen, zwischen Vormündern und Mündeln,

Ansprüche aus Fideikommissen, Honorarforderungen der Lehrer, Advokaten u. s. w., Dienstlohn der Ammen (nach Keller-Wach S. 411 auch Mietsumzugssachen, Pollizitationen u. s. w.).

Für solche Sachen wurde ein mehr polizeiliches Verfahren für angemessen erachtet. Was in despotischen Staaten für alle Rechtsstreitigkeiten der Weg zur Herstellung der Rechtsordnung war, die Kadijustiz, ein Schirm- und Ordnungsverfahren, war für gewisse Sachen auch im römischen Rechtsstaat unentbehrlich, wie es auch im modernen Staat neben dem ordentlichen Prozeß (dem ordo judiciorum privatorum der Civilprozeßordnung) nicht gänzlich entbehrt werden kann. Bei diesem Kognitionsverfahren haben wir es zu thun mit einer an keine besondern Formen gebundenen Prozedur. Privatrecht, polizeiliches und öffentliches Recht wurden hier vom Prätor ungesondert nach Billigkeits- und Utilitätsrücksichten behandelt, etwa so wie wir das in Deutschland, vor der Trennung der Justiz von der Verwaltung bei der Rechtspflege der Oberamtmänner, Obervögte, Justitiare u. s. w. erlebt haben.

Als zur cognitio extraordinaria im weitern Sinne gehörig werden bekanntlich auch angeführt: Interdikte, missio in possessionem, in integrum restitutio. Bei diesen Dingen handelt es sich jedoch um Einrichtungen, die für den regelmäßigen Prozeßgang des ordo jud. priv. fördernd und beschleunigend vom Magistrat-Gesetzgeber eingeführt wurden; sie wuchsen als normale Bestandteile in den Rahmen des ordo judiciorum priv. allmählich hinein (Keller-Wach § 76 S. 383).

Im Laufe der geschichtlichen Entwicklung des römischen Gerichtsverfahrens war es nun aber die cognitio extraordinaria im engern Sinne, die eigentliche Richterthätigkeit des Prätors, welche schließlich den ordo judic. privat. verschlingen sollte. Zur Kaiserzeit wurde dem Prätor mehr und mehr von seiner imperialen (monarchischen) Gewalt entzogen und definitiv wurde er derselben beraubt durch das edictum perpetuum Hadriani. Je mehr die allgemeine Gesetzgebung an Stelle der prätorischen Gelegenheits-Legislative erstarkte, um so mehr wurde der Prätor zum bloßen Richter. Schließlich wurde ihm überhaupt die Aufgabe des judex, die Erledigung des ganzen Prozeßverfahrens und die Fällung der sententia übertragen (von Diocletian im J. 294, cf. Puchta, Institut. Bd. II. S. 261). Nur ausnahmsweise kam es nun noch zur Aufstellung eines besonderen Richters (judex pedaneus).

Wäre nun die absolute Monarchie plötzlich und unvermittelt im römischen Reiche entstanden, so wäre die Gefahr vorhanden gewesen, daß der Civilprozeß — wie in den morgenländischen Despotieen — Pascha- und Kadi-Wirtschaft in der Hand der kaiserlichen Beamten geworden wäre. Die Allmählichkeit der Entwicklung des Absolutismus, dazu die traditionelle Bewahrung und Pflege des Privatrechts durch Volk, Wissenschaft und Regenten brachte es glücklicherweise mit sich, daß die im ordo judic. privatorum errungenen Prozeßgrundsätze, welche ja allmählich auch in die extraordinaria cognitio schon eingedrungen waren, bei der Neugestaltung des Prozeßverfahrens nicht aufgegeben wurden, wiewohl es nicht ausbleiben konnte, daß die in der extraordinaria cognitio herrschende Willkür manchen nachteiligen Einfluß hatte.

Den fundamentalen Unterschied zwischen dem Kaiserprozeß und dem Formularprozeß findet die oben angezogene Schrift von Schultze (Privatrecht und Prozeß) in der veränderten Stellung des Prätors zur Rechtserzeugung. Hatte der Prätor vorher im Formularprozeß die Aufgabe, in jure den Prozeßstoff soweit aufzuräumen und aufzuklären, um daraufhin in der Formel Recht für den konkreten Fall erzeugen zu können; so war ihm nach Schultzes Meinung durch Hadrians Verbot der prätorischen Rechtszeugung der eigentliche Nährboden seiner Thätigkeit entzogen, und damit sei der Zusammenfluß der Thätigkeit des Magistrats und des judex in einer Person — der des letzteren — eine Notwendigkeit geworden.

Dieser Auffassung widerspricht jedoch die einfache Thatsache, daß auch nach Beseitigung der legislatorischen Stellung des Prätors die Trennung des Verfahrens in das in jure und das in judicio beibehalten und noch über anderthalb Jahrhunderte lebenskräftig erhalten wurde. Der prozessuale Wert der Trennung des Verfahrens in jene zwei Abschnitte lag — abgesehen von der wertvollen Beteiligung des Laienelementes an der Rechtspflege — doch insbesondere in der bereits hervorgehobenen Promptheit, Geschicklichkeit und Schnelligkeit, womit in jure die Prozesse entweder im Keime beseitigt oder doch für ihre gerichtliche Erledigung vereinfacht und vorbereitet wurden. Dieser Aufgabe konnte der Prätor, ohne daß deswegen die Zweiteilung hätte aufgehoben werden müssen, auch ferner mit bestem Erfolg nachkommen; die Edikte seiner Vorgänger waren hierbei, nachdem ihm das Recht, selber Edikte zu erlassen, entzogen war, seine Leitsterne.

Es verdient hiernach wohl die von andern Rechtshistorikern vertretene Auffassung den Vorzug, daß lediglich der mächtiger anschwellende, in Diocletian kulminierende

Absolutismus dem ihm unsympathischen Volksgericht den Garaus gemacht hat. (Ihering, Geist des römischen Rechts.)

Das neue Verfahren seit Diocletian wird nun ein einheitlicher vor dem Prätor als Richter sich abspielender, durch den Richter zu entscheidender Rechtsstreit. Sind damit auch unleugbare Verbesserungen gegenüber manchen Steifigkeiten des alten Prozesses verknüpft (z. B. die Befugnis, peremptorische Einreden bis zum Schluß des ganzen Verfahrens vortragen zu dürfen); so ist doch auch die Möglichkeit entschwunden, in einem besonderen Vorverfahren mit dem Prozeßstoff in der oben bezeichneten Art aufzuräumen. Die Idee, daß Prozeß principiell ein vom Richter abzuurteilender Rechtsstreit sei, überwuchert das ganze Verfahren. Letzteres beginnt mit der förmlichen Klage in heutigem Wortsinne, durch welche Beklagter sofort in das judicium deduziert, und direkt die richterliche Entscheidung angerufen wird.

Außer der Klage (anfänglich denuntiatio, unter Justinian libellus conventionis) steht dem in seinem Recht Beschädigten kein anderer civilrechtlicher Rechtsweg mehr offen, insbesondere keine einseitige Rechtsperfekution mehr und keine Selbstaustragung des Streits durch die beteiligten Privaten. Dies allerdings mit einer Einschränkung; da nämlich die Litiskontestation, die Kriegsbefestigung, erst im ersten Termin stattfand, so konnte durch confessio in jure bis zur Litiskontestation der Rechtsstreit noch vermieden werden. Es galt bis dahin noch der Satz „confessus in jure pro damnato habetur". Dagegen zeigt sich die Beseitigung des Parteien-Selbsterledigungsprincips im Fall der contumacia. Zur Zeit des Formularprozesses ließ in jure der Prätor die einseitige Rechtspersekution zu, er gab missio in bona; in judicio aber, für welches durch die formula das vom judex zu entscheidende Rechtsstreitverhältnis rechtskräftig festgestellt worden war, konnte im Fall der contumacia (wie auch ebensowenig im Fall der confessio und der Eideszuschiebung) der Richterspruch, den der prätor einmal endgiltig befohlen hatte, nicht vermieden werden. So ergab sich für das Verfahren in judicio als einzige Lösung das sogenannte eremodicium, d. h. ein einseitiges Verfahren des Klägers zum Nachweis der Richtigkeit seines Anspruchs (vergl. Keller-Wach § 69).

Im Justiniancischen Prozeß scheint nun der Gedanke, daß Prozeß ein vom Gericht durch sententia zu entscheidender Rechtsstreit sei, so sehr die Herrschaft erlangt zu haben, daß man schon mit der Anstellung der Klage, deren ausgesprochenes Ziel ja die Richterthätigkeit war, also schon vor der Litiskontestation die Erledigung der Sache durch einseitige wegen mangelnden Widerspruchsrechts wirksame Persekution nicht mehr zulassen konnte; die contumacia hatte principiell nur noch die Bedeutung, daß Kläger sich des eremodicium bedienen konnte.

Vergl. Puchta, Institutionen II S. 275. § 185. § 188. S. 285. — Nach Wetzell § 49 trat jedoch noch in gewissen Fällen z. B. in dem der latitatio oder dem des Nichterscheinens in dem durch cautio judicio sisti bestimmten Termin alsbaldige Exekution ein.

Was den äußern Gang des Justinianeischen Prozesses anbetrifft, auf den an dieser Stelle nicht näher eingegangen zu werden braucht, so findet Schultze l. c. in demselben eine auffallende Ähnlichkeit mit dem modernen, insbesondere dem französischen und deutschen Prozeßverfahren, insofern nämlich eine mündliche Streitverhandlung stattfand, welche durch schriftliche Klage mit Ladung eingeleitet, durch Schriftsätze vorbereitet und in so vielen Terminen abgewickelt wurde, als der konkrete Streitfall es erforderte. Mit Recht wird aber betont, daß das maßlos umsichgreifende Schreibwesen höchst nachteilig einwirkte und daß diese ungebührlich ausgedehnte Schreiberei insbesondere das Princip der Einheitlichkeit des ganzen Prozesses, wonach das Vorbringen der Parteien durch Präklusivfristen nicht beschränkt ist, statt zu einer Wohlthat, zu einem höchst lästigen Verschleppungsmittel in der Prozeßführung gestaltet hat.

Angesichts dieses schleppenden Gangs in dem regelmäßigen Gerichtsverfahren ist jedoch zu erwähnen, daß es auch im Justinianeischen Prozeß ein summarisches, unserm heutigen Verfahren vor dem Amtsgericht ähnliches Verfahren, ein mündliches Verfahren vor dem Prätor zur Erledigung geringfügiger Sachen gegeben hat. (Vergl. Puchta II S. 175.)

C. Der altdeutsche Prozeß.

Wie schon oben bemerkt, beobachten wir in Deutschland noch im Lichte der Geschichte denjenigen Zustand der Rechts- und Staatenbildung, wo willkürliche und gewaltsame Selbsthilfe und Fehde zum Prozeßverfahren organisiert werden. Prozeß ist in Germanien anfänglich nichts andres als organisierte Selbsthilfe und staatlich kontrollierte Fehde.

Wir sehen die erstere als einseitige Rechtsperfekution sich bethätigen in der Privatpfändung, die nach den

Volksrechten teils mit, teils auch sogar ohne vorherige obrigkeitliche Ermächtigung bei unzweideutiger Schuldübernahme zulässig war. (Vergl. Bethmann-Hollweg, Geschichte des Civilprozesses. Bd. IV S. 472 u. folgende.) Zu einem Legisaktionenverfahren analog dem römischen hat sich jedoch die einseitige Rechtsperfektion in Deutschland nicht entwickelt. Die Entwicklung richtete sich vielmehr direkt auf das, was in Rom das Endziel der Fortbildung des Legisaktionenprozesses war, nämlich auf den organisierten Parteikampf, die Selbstaustragung des Streits vor der Behörde. Der Prozeß wurde alsbald staatlich geordnete und obrigkeitlich kontrollierte Fehde.

Der Grund dieser Verschiedenheit der römischen und germanischen Prozeßentwicklung lag wohl darin, daß in Deutschland ein jus strictum, eine festabgeschlossene, in sich selber die Erzwingbarkeit tragende Rechtsordnung, als dessen Vollstrecker in Rom der Berechtigte mittelst der legis actio auftrat, fehlte. Das Recht, soweit es nicht in mehr oder weniger unklaren Sätzen der Religion und Tradition gewissermaßen über den Wolken schwebte, war konzentriert in der subjektiven Sphäre des persönlichen Bewußtseins. Es lag in der Willkür oder besser gesagt in dem Gewissen der Individuen. Jedoch war nicht das Individuum in seiner Isoliertheit maßgebend. Gab es auch keinen objektiven Staatswillen, dem die Einzelpersönlichkeit sich beugte, so war doch die öffentliche Meinung, die Auffassung der Geschlechts- und Volksgenossen als diejenige Autorität anerkannt, der sich der Einzelne zu beugen hatte.

Die staatliche Macht, in ihren schüchternen Anfängen außerstande, gewaltsam der gewaltsamen Selbsthilfe und

Fehde entgegenzutreten, konnte nur dadurch Ordnung schaffen, daß sie sich jener Autorität der öffentlichen Meinung bediente. Die Bildung eines Prozeßverfahrens also mußte sich so vollziehen, daß der Vertreter des Staatswesens die Volksgenossen zusammenrief, damit vor ihnen der Streit ausgetragen werde.

Der Beamte konnte bei dieser Sachlage weder die Stellung unseres heutigen Richters noch die des römischen Prätors beanspruchen. Seine Macht war darauf beschränkt, die Genossen der Streitteile zum „Ding" zu berufen, die Verhandlungen zu leiten und dem Sieger schließlich die Vollstreckung zu leisten oder zu erlauben.

Das Volksgericht seinerseits hatte eine ganz andere Aufgabe, als die des römischen Volksrichters, des judex im Formularprozeß; auch eine andere, als die unserer Geschworenen, oder die der Civiljury im englischen Verfahren.

Es handelt sich ja bei den Germanen nicht darum, ihre Rechtssachen zur causae cognitio und Entscheidung vor den Richter zu bringen. Ihr persönliches Selbstbewußtsein ließ eine derartige Beschränkung der Freiheit nicht zu. Nur dazu verstehen sie sich, vor ihren Volksgenossen, von deren Achtung doch ihre eigene Wertschätzung mitbedingt ist, die Reinheit und Fleckenlosigkeit ihrer Ehre zu erhärten. In ihrem Recht ist ihre Ehre, ihre Persönlichkeit verleiblicht und mit der Anerkennung ihres ungetrübten Werts ist auch ihr Recht bewährt und anerkannt. Wenn die Streitteile, statt mit den Waffen in der Hand auf Feld und Haide sich zu treffen und durch Zweikampf ihren Prozeß zu richten, sich dazu bequemen vor Gericht zu erscheinen; so gilt es nicht etwa, eine Untersuchung, eine unbefugte Einmischung des Gerichts in den

Streit zuzulassen, sondern es handelt sich nur um eine andere Form ihres Kampfes. Der hier vor Gericht mit friedlichen Waffen auszutragende Streit kann aber, wenn dieselben eine Erledigung nicht herbeiführten, wieder zum Waffenkampf, zum gerichtlich gebilligten, ja angeordneten und geregelten Zweikampf werden.

Weil es nun dem Gericht nicht zukommt, in die Privatverhältnisse der Freien untersuchend und forschend einzudringen, und weil die Parteien nur von ihm verlangen, daß man sie als tadellose Ehrenmänner respektiere, so brauchen sie auch nur in kurzen — durch Gewohnheitsrecht zu solennen Worten gefestigten — Erklärungen ihre Rechtsbehauptungen aufzustellen, ohne daß man sie auffordern oder gar zwingen könnte, die thatsächliche Prozeßgeschichte zu erzählen. Der Kläger braucht in seiner Rede nicht actionem zu edieren, sondern spricht etwa: „Herr Richter: A. klaget Gode und ju, daß N. des seines hebbe" (oder: „Dat he em sie sculdich tein Mark) und biddet eines ordels" u. s. w. Der Beklagte beschränkt sich in seiner Wedderrede auf die Antwort: „unsculdich secht he sik des man ene tiet," oder: „ich was sculd sculdich, de hebbe ich gheguldet." Auch im weitern Verlauf des Verfahrens wird nur soviel (nach diskretionärem Ermessen der Partei) vom Thatbestand vorgetragen, als unbedingt nötig ist; etwa, um die Beweiserhebungen in Gang zu bringen.

Wenn Beklagter nun im Termin „bekennt", so ist die Sache erledigt. Widerspricht er aber, so hat der Kläger nicht etwa jetzt dem Gerichte die Erkenntnismittel zur Feststellung der materiellen Wahrheit zu unterbreiten; sondern es handelt sich für ihn, wie auch eventuell für den Beklagten, nur und allein darum, den Wert des eignen Worts durch äußerliche, vom Herkommen ein für alle Mal festgesetzte solenne Verstärkungsmittel unanfechtbar zu machen. Wer von den Parteien bei der Anwendung dieser Verstärkungsmittel nach bestimmten Regeln als der Stärkere anzusehen ist, dem ist, ohne daß das Gericht daran etwas ändern dürfte, ja wenn auch dasselbe sein Recht bezweifeln oder bestreiten möchte, der Sieg im Rechtskampf zuzusprechen.

Auf das einfache Leugnen kann sich der Beklagte in der Absicht, dem Kläger die Beweisführung seines Anspruchs zu überlassen, aber nicht beschränken. Der Wert, den des Klägers Rede als des freien Mannes Wort zu beanspruchen hat, verlangt mindestens, daß Beklagter sich bereit erklärt seine Gegenrede durch Eid zu bekräftigen, (ein solcher Eid ist daher kein jusjurandum delatum, sondern eine Art Reinigungseid). Dem Kläger steht es dann zu für das eigne Wort das Gottesurteil anzurufen, d. h. mit dem Anerbieten zum Zweikampf des Beklagten mit Eidesanerbieten bekräftigtes Wort wieder in Frage zu stellen. Der Sieger im Kampf ist dann mit Gotteshilfe als der Glaubwürdigere der beiden Streitteile hingestellt.

Als Verstärkungsmittel für die Glaubwürdigkeit des Parteiworts gilt sodann das Mitschwören der Eideshelfer (Konsakramentalen) über den Parteianspruch. Wenn Zeugen zugelassen werden, so haben auch diese nicht über das thatsächliche Prozeßmaterial, sondern über das Partei-Recht zu schwören. Daher ist das Gericht auch durchaus nicht befugt aus ihnen das materielle Sachverhältnis durch Fragen aller Art herauszuholen. Dies Recht steht auch der Gegenpartei nicht zu; ein Kreuzverhör der Zeugen giebt es noch nicht. Die Zeugen schwören und deponieren lediglich über die von der Partei formulierte Rechtsbehauptung. Ebensowenig wie die Partei selber ist der als Zeuge angerufene freie Mann dem Gerichte Rechenschaft darüber schuldig, aus welchen Gründen er den Anspruch der Partei bekräftigt (oder bestreitet); er kann fordern, daß man sein Wort, für das er seine Ehre eingesetzt, gelten läßt.

Vergl. im allgemeinen Bethmann-Hollweg Bd. IV und Planck, deutsches Gerichtsverfahren; insbesondere hinsichtlich der Zeugen Bd. II S. 73.

Geht beispielsweise die Parteibehauptung dahin: „dat it sin Len si," oder „dat he recht erve si," so beschwört dies der Zeuge. „Svenne die getüg bi des Herrn hulden seget, dat he weit um die Rede, dar he umme gevraget is, oder bi des Herrn hulden sik verpleget, dat he darumme nich ne wete, so ne sal man ine nicht vorbat vragen, s. Lnr. 63, § 19.

Die eigentliche causae cognitio, speciell die Zeugeneinvernahme ist den Parteien selber überlassen. Diese setzen sich mit ihren Zeugen selber in Verbindung, fragen sie selber aus, beraten sich auch wohl mit ihnen und produzieren sie dann einfach dem Gericht zum Schwören. Nach unserer modernen Auffassung über die Parteirechte wäre es gewiß nicht ratsam, für die Parteien dies Beispiel nachzuahmen, da alsbald wohl der Verdacht der Verleitung zum Meineid sich einstellen würde. Als ein Überbleibsel aber jener Privat-Beweiserhebung kann wohl die Berechtigung der Parteien im englischen Prozeß angesehen werden, beeidigte Erklärungen (affidavits) von Zeugen außergerichtlich (vor richterlichen Beamten, Notaren,

Konsuln und sonstigen dazu bestellten Personen, commissioners) zu erheben und sie dem Gericht vorzulegen.

Aus den oben entwickelten Principien des germanischen Gerichtsverfahrens als eines Parteikampfes ergiebt sich selbstverständlich für das Gericht eine ganz eigenartige Aufgabe.

Nicht zur causae cognitio werden die Schöffen vom Beamten berufen, sondern zu einer Begutachtung über die Anträge der Parteien. Ihre Meinung ist bei dem Mangel der objektiven Rechtsordnung die Quelle, aus der der Beamte das Recht zu schöpfen hat. Sie befragt er im Gericht darüber, was Rechtens ist. Ihre Antworten auf die im Gericht an sie gestellten Fragen wurden zwar Ordele genannt, sind aber in Wirklichkeit keine Urteile in unserm Wortsinne, sondern Rechtsgutachten, Rechtszeugnisse. Nicht bloß über das materielle Recht geben sie Auskunft, sondern auch über die im germanischen Prozeß so außerordentlich wichtigen Regeln des Rechtskampfs, darüber insbesondere, was der vorsitzende Richter zu gebieten und anzuordnen hat.

Die gutachtliche Natur ihrer Aussprüche zeigt sich insbesondere klar in dem Umstande, daß ihr Urteil nicht bloß grade für den vorliegenden Fall oder Prozeßakt angerufen wird, sondern häufig auch eventualiter für einen noch gar nicht vorliegenden Prozeßfall.

Allerdings ist ihr Ordel kein Sachverständigen-Gutachten im Sinne unserer Prozeßordnung, das jeder Zeit von den Parteien angefochten, vom Richter bemängelt werden kann. Ihre Ordele sind für Partei und Richter bindend, wenn sie nicht sofort (sei es von den Parteien oder auch von dem freien „Umstande") gescholten und durch diese Urteils-Schelte an ein besser informiertes Schöffenkollegium (Oberhof) gezogen werden. Wird das Ordel nicht sofort gescholten, so hat es — falls es einstimmig oder mit der nötigen Majorität zustande gekommen ist und damit die Vulbort erhalten hat — sofort rechtskräftige Wirkung. Der Richter muß es befolgen, ausgeben und exequieren. Hier zeigt sich, daß das einmal in kompetenter Weise außer Zweifel gestellte Recht in sich selber seine Erzwingbarkeit trägt; das Rechtsgutachten der Schöffen hat die gleiche Wirkung wie im Legisaktionenprozeß die lex. Wie der aus der lex fließenden actio vom Prätor freier Lauf zu lassen war, so hat der germanische Richter, nachdem das Recht von den Schöffen festgestellt, ohne Veto-Recht, ohne Kritikbefugnis dem Parteirecht freie Bahn zu verschaffen.

Die Rechtsgutachten der Schöffen durchziehen aber in Germanien das ganze von den Parteien abschnittsweise abgewickelte Prozeßverfahren. Hier gilt Hegels Satz „jeder Schritt im Prozeß ist ein Recht" (Bethmann-Hollweg). Jeder Schritt, den eine Partei zur Bekräftigung ihrer Rechtsposition nach den herkömmlichen Regeln unternehmen will, muß, im Fall des Widerspruchs durch den Gegner, zuvor dem Gutachten der Schöffen unterstellt werden.

Während nun in Bezug auf das materielle Recht wegen seiner Unbestimmtheit den Schöffen durchaus nicht vorgeschrieben war, woher sie es schöpfen wollten, vielmehr hierin oft große Willkür herrschte (so mußten beispielsweise das alte Testament, Moses und die Patriarchen häufig noch als Rechtsquellen herhalten), war speciell in Bezug auf die Prozeßregeln durch das Herkommen eine feste, ja starre Satzung, von der nicht abgewichen werden durfte, entstanden. Nach festen Regeln und in unabänderlichen Formen richtete sich die Ausübung der prozessualen Kampfmittel. In der peinlichsten Legalität des Prozeßganges und der einzelnen Prozeßakte wurde, da dem Gericht die Befugnis, die materielle Wahrheit durch eigne causae cognitio zu ermitteln nicht vergönnt war, der Schutz gegen Willkür und Unrecht gesucht.

Diese Formenstrenge, bei der kleine Verfehlungen nicht etwa bloß Zahlung von Strafgeldern (Gewedde), sondern auch unwiderrufliche prozessuale und sachliche Nachteile nach sich ziehen konnten, machte das Prozessieren zu einer gefährlichen Unternehmung (statt ins Gewedde nehmen wird auch das Wort „varen" gebraucht). Man wird bei der Schilderung dieses Prozeßgangs unwillkürlich an einen Schachkampf oder ein Kartenspiel erinnert, bei dem das Verfehlen einer Formvorschrift den Verlust des ganzen Spiels nach sich ziehen kann.

Bei dem oben geschilderten Grundgedanken des germanischen Prozesses ist der wichtige Akt des Beweisens nicht, wie bei uns, unter dem Gesichtspunkt einer Pflicht (onus probandi) zu fassen; sondern es handelt sich da um das Recht der Partei, ihren Anspruch als den des Näheren (des Besserberechtigten) und ihr für den Rechtsanspruch zu Pfand gesetztes Wort, durch gewisse, dazu als geeignet anerkannte Verstärkungsmittel zu erhärten und so das eigene Urteil (der Parteiantrag heißt Urteil, Ordel) unangreifbar, rechtskräftig zu machen. Nur die dazu von den Schöffen als die nähere zum Beweis für berechtigt erklärte Partei produziert die Beweismittel; Gegenbeweis dagegen kann es nicht geben, da dem Beweisenden das Recht zu beweisen rechtskräftig zuerkannt ist.

Für ein derartiges Prozeßverfahren war nun das Princip der Mündlichkeit zweifellos eine unabweisbare Notwendigkeit; diese war die hauptsächlichste Bürgschaft für den Sieg des materiellen Rechts. Die Lüge kam am Licht der Sonnen vor dem Volksgerichte doch wohl häufig genug an den Tag. Immerhin aber sind die Mängel dieses formal erstarrten Verfahrens unverkennbar; insbesondere wurde die an sich durch die Mündlichkeit erzeugte Schnelligkeit der Prozedur gewiß sehr wesentlich durch die Möglichkeit, jedes, auch das bloß prozessuale Urteil zu schelten und damit den Fortgang des Verfahrens zu hemmen, erheblich beeinträchtigt. Auch war die Zersplitterung des Verfahrens in eine Reihe einzelner selbständiger Akte ein nicht hoch genug anzuschlagender Nachteil

Andererseits ist jedoch der dem germanischen Prozeß zu Grunde liegende Gedanke der Selbstaustragung des Streits durch die Parteien ein für die Entwicklung eines allen Anforderungen der Brauchbarkeit entsprechenden Prozesses höchst wichtiger Grundsatz, der, wie schon angedeutet, in unserer Prozeßgesetzgebung durchaus noch nicht genügend verwertet worden ist.

Von diesem Princip der Selbsterledigung des Rechtshandels durch die Parteien ist insbesondere auch das Kontumazialverfahren erfüllt. Es ergiebt sich aus jenem Princip die Folgerung, daß derjenige, der nicht zum bestellten Kampfe auf dem Kampfplatz erscheint, als die Waffen streckend betrachtet werden muß. Eine einseitige, nur vom Kläger beantragte und durchgeführte Verhandlung, Untersuchung und Beweiserhebung (ein eremodicium) ist logischerweise weder nötig noch möglich. Nun ist vielmehr, da der Beklagte nicht dagegen streitet, des Klägers Wort und Versicherung voll beweiskräftig, vollgiltig. Der Richter hat ihm sofort (oder auch nach mehrmaliger Wiederholung der Ladung) Anerkennung zu verschaffen. Die Exekution tritt ein; bei Schulden anfangs Verhaftung des Schuldners durch Kläger, später Pfändung, bei Klagen auf Gut Einweisung. Wenn es sich um den Verlust wichtiger Güter handelt, erhält jedoch Schuldner eine Frist zur Restitution.

(Vergl. das Nähere Planck Bd. II, S. 268 ff.)

Ist der Geladene zwar vor Gericht erschienen, verweigert er aber die Verteidigung, so wird er sofort der Zwangsvollstreckung überantwortet; das Gleiche gilt auch gegen den, der die Fortsetzung der Verhandlung weigert oder in dem zum Schwören angesetzten Termine ausbleibt.

Wie im Kontumacialverfahren so zeigt sich auch im Fall des Bekenntnisses der Charakter der Selbsterledigung des Streits durch die Parteien. Ein Urteil wird nicht erlassen, sondern es kommt sofort zur Vollstreckung. Ja ein Endurteil ist selbst dann, wenn ein Beweisverfahren stattgehabt hat, nicht nötig. Allerdings wird die Frage an die Schöffen gestellt, ob der Beweisführer „vulkommen“ sei. Aber es wird da nur das Gelingen oder Mißlingen der Beweisführung (insbesondere auch die Beobachtung der vorgeschriebenen Formalitäten) bejaht oder verneint. Der „vulkommene“ Beweisführer hat ipso jure Anspruch auf Vollstreckung, so zum Beispiel, wenn er den Eid geschworen. Nur ausnahmsweise kommt es noch zu einem Urteil mit „los und ledig“ oder behufs Feststellung der Folgen eines die „Vulkommenheit“ des Beweisführers feststellenden Ordels. Eine förmliche condemnatio aber liegt der

Natur des germanischen Urteils fern. Das festgestellte Parteirecht trägt ohne richterliche condemnatio in sich selber die Erzwingbarkeit.

Nicht in allen Fällen ist es nötig, den immerhin einigermaßen schwerfälligen Apparat des Schöffengerichts in Bewegung zu setzen. Die Selbstaustragung einfacherer Sachen durch die Streitenden ist auch ohne Schöffen vor dem Gerichtsbeamten allein möglich. Nach Planck l. c. S. 403 ist es im Sächs. L. R., hauptsächlich aber in den Stadtrechten, dem Richter gestattet, in einfachen Schuldsachen die Parteien vor sein Forum zu ziehen. Aber wie im römischen Legisaktionen- und Formularprozesse ist der Beamte hier nicht als urteilender Richter anzusehen, sondern als disponierende Exekutivperson; das unzweifelhafte, klare Recht kann er sofort exequieren lassen. Bei der schlichten Klage wegen Schuld wird, wenn es dem Kläger gelingt, den Beklagten mit Güte oder Gewalt vor den Richter zu bringen (der Richter geht auch wohl mit dem Kläger in des Beklagten Haus), der Beklagte sofern er bekennt, zu sofortiger Zahlung angehalten. Leugnet derselbe, so muß er schwören, falls er nicht dem Kläger den Eid abtritt. Mit der Eidesleistung oder Weigerung ist durch Selbstrichten der Parteien ihr Streit rechtskräftig entschieden; dem obsiegenden Kläger steht also dann sofortige Exekution zu. Wenn aber Beklagter sich der Antwort wehrt, also ein komplizierterer Kampf zu führen ist, so muß der Richter die Sache an das Schöffengericht verweisen.

Das vereinfachte Verfahren ohne Schöffen hat sich, wie noch bemerkt werden muß, an einzelnen Orten weiter dahin entwickelt, daß man auch eine direkte Vorladung des Beamten an den Beklagten für zulässig erachtete und folgeweise auch, falls Beklagter mehrmaliger Ladung nicht folgte, die Kontumazialfolge, d. h. einseitige Rechtsperfektion des Klägers zuließ. — Endlich scheint sich auch noch ein abgekürztes Verfahren des Richters gegen unsichere Schuldner (gerichtlicher Zahlbefehl) entwickelt zu haben. (Vergl. Planck l. c. II.)

D. Der gemeine deutsche Civilprozeß.

Der für den Zweck vorliegender Arbeit unternommene geschichtliche Rückblick kann sich, da jener Zweck auf praktische Vorschläge für die Reform des gegenwärtigen deutschen Civilprozesses hinausläuft, nicht damit befassen, den höchst verschlungenen Wurzeln nachzugehen, aus denen sich der s. g. gemeine deutsche Prozeß der Zeit vor Einführung unserer Reichscivilprozeßordnung entwickelt hat. Kurze Andeutungen müssen hier genügen.

Als mit Einführung des römischen Civilrechts in Deutschland sich dessen schwieriger Anwendung die deutsche Gerichtsverfassung nicht gewachsen zeigte, trat allmählich die Bedeutung des Volksgerichts immer mehr zurück. Wie in Rom die Einführung der kaiserlichen schriftlichen Legislative die Prätor-Gesetzgebung vernichtete, so verstopfte die Herrschaft des geschriebenen römischen Rechts in Deutschland die im Volksgericht sprudelnde Quelle nationaler Rechtszeugung. Nun mußte, wie in Rom, die Bedeutung des Beamten als des zur Entscheidung der Rechtshändel vom Staat berufenen Richters, der allein kraft seines Bildungsganges jenes verwickelte, schwierige Recht zu verstehen und anzuwenden vermochte, immer gewichtiger hervortreten. Es war aber auch ein anderes Prozeßverfahren nun unbedingt nötig. Diesem Bedürfnis bot sich dar ein von den italienischen Juristen aus römischer und germanischer Prozeßmaterie zusammengeschweißtes, vom kanonischen Recht wesentlich beeinflußtes Verfahren, das zuerst bei dem Reichskammergericht seinen Einzug hielt, dann aber von den höheren Gerichten Deutschlands vielfach nachgeahmt wurde (J. R. A. § 137) und schließlich auch in den Territorialgerichten umgestaltende (später subsidiäre) Bedeutung gewann. Bei den Territorialgerichten jedoch zeigten die Grundsätze des germanischen Prozeßverfahrens eine erhebliche Widerstandskraft, insbesondere war das der Fall in den Ländern des sächsischen Prozesses.

Der fremde Prozeß wurde von den sächsischen Juristen mit größerer Freiheit behandelt. Es entstand so ein mit Grundsätzen germanischen Prozeßrechts ganz erheblich durchsetztes römisch-kanonisch-germanisches Verfahren im Gegensatz zu der vom Reichskammergericht und dessen Juristen vertretenen mehr romanisierenden Richtung. Dieses sächsische Verfahren ist es im wesentlichen, was sich als gemeiner deutscher Prozeß in Deutschland einbürgerte und auch den partikularen Prozeßgesetzgebungen des vorigen Jahrhunderts, mit Ausnahme der preußischen auf der Untersuchungsmaxime beruhenden, zu Grunde gelegt wurde.

Dieser den praktischen Juristen unserer Tage mehr und mehr in historische Ferne entrückte gemeine deutsche Civilprozeß ist im wesentlichen damit charakterisiert, daß er ein teils mündliches, teils schriftliches, vom Verhandlungsprincip beherrschtes, in scharf geschiedenen Abschnitten und nach strengen Formen und Normen sich fortbewegendes Verfahren der Parteien und des Richters ist zur Herbeiführung der richterlichen Entscheidung des Rechtsfalles.

In diesem gemeinen Prozeß ist der Gedanke, daß Prozeß ein vom Richter zu entscheidender Rechtsstreit sei, ähnlich wie im spätern römischen Kaiserreich so auch hier nach der absolutistischen Erstarkung der Staatsidee, trotz des zähen Widerstandes des germanischen Freiheitssinnes zur ausschließlichen Herrschaft gelangt, und damit der Möglichkeit einseitiger Rechtsperfekution und Selbstaustragung des Streits durch die Parteien der Boden vollständig entzogen worden. Selbsthilfe (Privatpfändung) wird verboten. Beseitigt ist auch die Befugnis der Partei, den Beklagten selber vor Gericht zu citieren oder gar gewaltsam zu verbringen (statt mannitio nun allein noch bannitio). Der Richter ladet vor. Vom Richter allein ist überhaupt jede Rechtshilfe zu erbitten.

Die Mündlichkeit des Verfahrens wurde bei den niedern Gerichten, bei denen ein Einzelrichter (Amtmann, Justitiar u. s. w.) die Funktionen der früheren Urteiler (Schöffen) mit denen des früheren Richters verband, zwar im Princip beibehalten, jedoch mit der aus dem kanonischen Recht herrührenden Modifikation eingeengt, daß alles mündlich Vorgetragene den Akten schriftlich einzuverleiben war (durch Protokolle und Recesse). Es wäre bei diesen Gerichten, obgleich die Schriftlichkeit immer mehr überwucherte, doch zufolge der Möglichkeit des direkten Verkehrs der Parteien untereinander und mit dem Beamten immerhin noch Gelegenheit gewesen, den Gedanken des germanischen Verfahrens, daß Prozesse von den Parteien selber unter richterlicher Assistenz zu erledigen seien, in bescheidenen Grenzen festzuhalten. Indessen ist davon keine Rede mehr.

Die veränderte Auffassung vom Wesen des Prozesses zeigt sich besonders scharf in der Umgestaltung des Kontumacialverfahrens. Im römischen Prozeß im Stadium des in jure, im germanischen Verfahren durchweg muß dem Säumigen gegenüber einfach die zum Schutz des Privatrechts an erster Stelle berufene Eigenmacht freie Bahn haben. Die Präklusion nicht bloß mit Einreden, sondern mit der ganzen Verteidigung versteht sich von selbst; es bedarf nicht der gelehrten Fiktion einer confessio. Im Justinianeischen Prozeß war bereits der Anfang dazu gemacht, schon mit der Klagzustellung die Begründung des principiell nur durch den Richter zu entscheidenden Rechtsstreitverhältnisses eintreten zu lassen. Im gemeinen deutschen Prozeß hat nach Zerlegung der litis contestatio in zwei gesonderte Akte (Klagzustellung und Klagbeantwortung) dieser Gedanke sich definitiv eingebürgert.

War somit der Beklagte lediglich zur Führung des vom Richter zu richtenden Rechtsstreits geladen, so konnte sein Ausbleiben auch nicht als ein Verzicht auf die richterliche Thätigkeit der Entscheidung des Rechtsstreits gelten. Seine contumacia konnte also höchstens als bloßes Faktum gelten; aus diesem Faktum floß aber lediglich die Präklusion mit Einreden, die für den Beklagten zu ergänzen natürlich nicht Aufgabe des Gerichts sein konnte. Wohl aber muß das Gericht, um das materielle Recht des Falles nach Möglichkeit zu prüfen und festzustellen, vom Kläger verlangen, daß er seinen Anspruch thatsächlich specifiziert vortrage und für die rechtserzeugenden Thatsachen alle zur Überzeugung des Richters nötigen Beweise erbringe. Des Klägers Recht im Fall der contumacia ist hiernach lediglich das eremodicium.

Eine etwas andere Gestaltung nahm das Kontumacialprincip nach geschehener Litiskontestation an. Mit der

„Kriegsbefestigung“ traten die Parteien des gemeinen Prozesses in ein Rechten- und Pflichtenverhältnis, welches die Erzielung des richterlichen Urteils als Endzweck trägt. Ob die Partei ihre Rechte geltend machen will, das steht bei ihr; thut sie es nicht zu dem vom Gesetz für den geordneten Fortgang der Prozedur festgesetzten Zeitpunkt und nicht in der vorgeschriebenen Form, so wird das als einfaches Faktum durch Präklusion der betreffenden Befugnis rechtswirksam (jedoch nötig ist accusatio und declaratio contumaciae; siehe das Nähere bei Wetzell § 49). Das Gesetz legt aber auch den Parteien Verpflichtungen auf, um den Endzweck des Prozesses — das richterliche Urteil — zu fördern. Für den gemeinen Prozeß ist hier besonders hervorzuheben die aus dem italienischen Prozeß entnommene Pflicht zur sog. speciellen Litiskontestation, d. h. die Verbindlichkeit, das gegnerische Vorbringen im einzelnen thatsächlich zu beantworten.

Versäumt eine Partei die Erfüllung dieser Verbindlichkeit, so kann sie nach gemeinem Prozeßrecht nochmals zur Erklärung besonders vorgeladen werden. Die dann fortgesetzte Säumnis oder Weigerung zieht die poena confessi nach sich. Eine Beantwortungspflicht — allerdings bei dem Inhalt des Parteienvorbringens sehr formaler Art — kannte ja auch schon das altgermanische Prozeßrecht. Dasselbe geht aber hinsichtlich der Wirkungen versäumter oder verweigerter Antwort von einem andern Grundsatz aus, von der der Parteiaustragung des Streits entsprechenden Forderung, daß die Nichtbeantwortung ohne weiteres die Giltigkeit und Wirksamkeit der gegnerischen Rede, des gegnerischen Anspruchs nach sich ziehen muß. Da nun das gemeine Prozeßrecht aber es nicht den Parteien überläßt, ihr eigenes Vorbringen selber festzustellen, vielmehr die Feststellung eines von der Gegenpartei nicht anerkannten Anspruchs, einer von derselben nicht zugestandenen Thatsache unbedingt dem Richteramt vorbehält; so muß zu einem Auskunftsmittel gegriffen werden, wenn man die Beantwortungspflicht praktisch verwerten will. Statt etwa bloß Geldstrafen aufzuerlegen, greift man (als poena) zur Fiktion des Eingeständnisses. Durch dieses künstliche Verlegenheitsmittel ist dem Richter, ohne daß man dessen Kognitionsrecht beeinträchtigt, die Möglichkeit gerettet, sein Urteil — allerdings nur scheinbar — auf materielle Wahrheit, auf wirklich bewiesene Thatsachen zu stützen.

Durchaus konsequent wahrt denn auch der gemeine Prozeß seinen Standpunkt gegenüber dem jusjurandum in jure des Legisaktionen- und Formularprozesses, welches Institut ja allerdings schon im Justinianeischen Prozesse verschwunden war, sowie auch gegenüber dem im germanischen Verfahren überlieferten Rechtseide der Parteien. Diese Eide, die als vollstreckbare Parteiurteile den Rechtsstreit ohne richterliche Kognition und Aburteilung ipso jure beenden, sind mit dem Richterprincip des gemeinen Prozesses unverträglich. Sie müssen dem juramentum in judicio delatum vollständig weichen. Allerdings ist, genauer besehen, auch bei diesem Eide eigentlich es der zuschiebenden Partei überlassen, die Feststellung einer vom Gegner nicht anerkannten, für den Richter somit unbewiesenen, Thatsache durch Parteienspruch zu erzwingen. Aber die Doktrin des gemeinen Prozesses hilft sich auch hier wieder, ehe sie jene Parteifeststellung anerkennt, mit einer Fiktion. Sie betrachtet die Eidesverweigerung als Zugeständnis, die Eidesleistung als Beweisgrund und statuiert, daß für den Richter somit im Endurteil die materielle Wahrheit festgestellt sei. Die Eideszuschiebung wird ein formales Beweismittel genannt, offenbar eine lediglich der Verlegenheit entspringende Auskunft.

Auch die confessio in jure kann kein geeignetes Mittel mehr sein, den durch die Klaganstellung einmal eröffneten Rechtsstreit zu vermeiden oder ohne Richterspruch definitiv zu erledigen. Der Kläger kann nicht gegen den confessus sofortige Exekution fordern; vorher muß der Richter den Streit durch sein Urteil beenden. (Wie man dieses Urteil nennt, — Wetzell nennt es deklaratorisch — ist für das zugrunde liegende Princip des gemeinen Prozesses gänzlich gleichgiltig.)

So ist denn auch nicht einmal mehr der Transakt eine genügende Feststellung des Rechts und keine endgiltige Prozeßbeendigung. Vielmehr muß auch hier noch der Exekution das richterliche Urteil, die Kondemnation, vorausgehen.

Was nun die äußere Einrichtung des Prozeßganges anbetrifft, so kann in der That wohl nicht zugegeben werden, daß bei der Vermischung des römischen (bezw. romanischen) mit altgermanischem Prozeß ein zweckmäßiger Eklektizismus beobachtet wurde. Beispielsweise entnahm man dem Justinianeischen Prozesse nicht etwa dessen vorzügliche Seite, das Princip der Einheit des ganzen Verfahrens, sondern außer einer Reihe häufig mißverstandener Prozeßrechtslehren über actio, exceptio, litis contestatio, Klagenkonsumption ꝛc. das unheimlich ausgeartete Schriftlichkeitsprincip; dem germanischen Prozeßrecht nicht dessen bis zuletzt im wesentlichen treu festgehaltenen Grundsatz der

Mündlichkeit, sondern mit besonderer Affektion die dort sorgsam gepflegte strenge Reihenfolge, kraft deren sich der ganze Prozeß in bestimmten unabänderlichen und voneinander scharf getrennten Abschnitten stufenweise fortbewegte.

Es ist jedoch bei alledem anzuerkennen die Energie des von dem Rechts- und Freiheitssinn (zumal in den sächsischen Ländern) geführten Kampfes für den Parteibetrieb des Prozesses. Jener Sinn wehrte sich kräftig gegen die mit dem zunehmenden Absolutismus wachsende Richter-Souveränität. Man hielt zähe daran fest, daß die Parteien den Streit führen, und suchte sich gegen die mit der zunehmenden Territorialhoheit der Fürsten vordrängende Auffassung zu wehren, die gern geltend gemacht hätte, daß der Verletzte nur befugt sei, sich bei den hohen Behörden demütig zu beschweren und dort um gnädigen Schutz unterthänigst zu bitten.

War nun allerdings auch in dem Kampfe mit dem hereindringenden italienischen Prozesse das Princip der Selbstaustragung des Streits durch die Parteien vor den Volksgenossen nicht zu retten, so klammerte man sich um so zäher fest an dem von der italienischen Doktrin überlieferten Verhandlungsprincip, wonach den Parteien, wenn auch nicht mehr die Selbsterledigung, so doch der Betrieb des Prozesses zusteht. Dieser Parteibetrieb wurde denn auch als residuum des alten Kampf- und Fehdeprincips gerettet.

Man konservierte jedoch mit diesem Reste auch die Formen, in denen das altgermanische Verfahren erstarrt war. Man hielt sie für notwendige Garantieen des Princips selber und behielt somit jene eigentümliche Methode bei, kraft deren das Vorgehen der Parteien sich einer unabänderlichen staffelförmigen Wegeanlage zu bedienen hatte. Und unzweifelhaft lag ja auch in diesen festen Formen für den Prozeßgang ein mit dem Gesetz der Trägheit und Undurchdringlichkeit wirkender Schutz gegen den Andrang der Willkür.

Hatte nun aber in der Mündlichkeit des germanischen Verfahrens jenes Ab- und Einteilen der Parteifehde und die Starrheit der Formen eine ausgiebige Korrektur gehabt: so mußte umgekehrt das aus Italien übernommene Princip der Schriftlichkeit das abschnittsweise Prozedieren zu einem wie auf Krücken und Stelzen steif und langsam fortbewegten, von zahlreichen Ruhepausen (Fristen) unterbrochenen Schneckengange gestalten. Aus der dramatisch im Freien unter der Linde sich abspielenden Fehde wurde ein heimlicher, hinter Aktenbergen und Tintenfässern verschanzter Nacht- und Fernkampf, dem mühselig noch das Licht der richterlichen Weisheit zur Entscheidung zu verhelfen vermochte.

Der Richter wurde im gemeinen Prozeß zur Hauptperson, zum Mittelpunkt des ganzen Verfahrens. Alle Schritte, die die Parteien zu unternehmen befugt sind, haben nur den einen Zweck, den Richter zu einer Prozedur zu bewegen. Jede Fortbewegung des Verfahrens bedarf eines Dekrets desselben (Zustellung der Klage, Auflage zur Klagbeantwortung u. s. w., Beweisurteil und Aufforderung zur Beweisantretung, Kontumacialausspruch u. s. w.).

Trotz dieser so prononzierten Stellung ist der Richter jedoch in seiner Machtstellung wieder erheblich beschränkter, als der römische Prätor. Eine Einwirkung auf schnellere, gründlichere Erledigung des Prozesses, als es die steifen

Formen gestatten, ist ihm versagt, ebenso wie es den Parteien versagt ist, an diesen dem öffentlichen Recht angehörigen Formen zu rütteln. (Verbot des Konventionalprozesses.) Aus dem Rahmen des Prozeßganges hinauszutreten ist dem Richter nur insofern gestattet, als er in quacunque parte judicii die Parteien zur gütlichen Erledigung vorladen darf, auch die von Advokaten vertretenen Parteien.

Nur bei den Richtern der niederen Gerichte, wo mündlich-protokollarisches Verfahren stattfand und in bunter Mischung polizeiliche, verwaltungs- und strafrechtliche Amtspflege, jurisdictio contentiosa und voluntaria, verbunden waren, konnte die Prozedur aus den Fesseln des gemeinen Prozesses heraustreten und mehr oder weniger den Charakter der prätorischen extraordinaria cognintio annehmen.

E. Der code de procédure.

Für die Ueberleitung des gemeinen deutschen Civilprozesses in unser jetziges Prozeßverfahren ist bekanntlich von außerordentlichem Einfluß gewesen die französische, in den preußischen, hessischen und bayrischen Rheinlanden nach Napoleons Sturz in Giltigkeit gebliebene Prozeßordnung, der code de procédure vom Jahre 1806. Wenn nun auch in der Begründung des Entwurfs der RCPO. (vergl. Hahn, Materialien) über dieselbe gesagt worden ist, daß sie, — eigentlich nur eine neue Ausgabe der ordonnance Ludwigs XIV. vom Jahre 1667, auf welche der übermächtige Einfluß der Korporation der Anwälte höchst nachteiligen Einfluß geäußert habe — die mangelhafteste der napoleonischen Rechtsschöpfungen sei, und wenn auch ferner gewiß dem französischen Verfahren bei aller Freiheit der Bewegung desselben doch der Vorwurf einer — oft sonderbaren — Formenstarrheit nicht überall erspart werden kann; so muß doch die vom französischen Prozeß ausgegangene Anregung für die deutsche Reformbewegung als eine höchst schätzenswerte, sein Einfluß auf diese als ein erlösender, befreiender stets unparteiisch anerkannt werden. Dieser Anerkennung wird man aber vom deutschen Standpunkte aus um so bereitwilliger stattgeben können, als der Deutsche in der That im französischen Prozeßverfahren, wie ebenso im französischen Civilrecht — die Spuren der Einwirkung germanischen Geistes überall anzutreffen Gelegenheit hat. Gar manches, was bei den Beratungen der deutschen Civilprozeßordnungen, insbesondere auch der RCPO., wie etwas Fremdes, unserer nationalen Eigenart Unsympathisches und Ungeeignetes angesehen worden ist, mochte im Grunde vielleicht viel mehr germanische Abstammung in sich tragen, als das, was man einfach deshalb für deutsch und heimatlich hielt, weil es mit dem (keineswegs dem Deutschtum entwachsenen und entsprechenden) abgelebten gemeinen Prozeß von den Vätern überliefert war.

Eine gewisse centrale Stellung unter den Prozeßgesetzgebungen Deutschlands, die den überlebten deutschen Prozeß an jener ausländischen Gesetzgebung zu verjüngen trachteten, nimmt bekanntlich die hannoversche Prozeßordnung vom Jahre 1850 ein, die jedoch mit Ausnahme des neugewonnenen Princips der Mündlichkeit im wesentlichen den gemeinen Prozeßboden festhält; ebenso ist es mit den daran sich anschließenden Reformen in Oldenburg, Baden u. s. w. Die verschiedenen der RCPO. vorausgegangenen Entwürfe zeigen dann bald mehr, bald weniger den französischen Einfluß, der am stärksten sich geltend macht bei dem preußischen Entwurf vom Jahre 1864. Was nun speciell die RCPO. anbetrifft, so soll sie nach Planck, Lehrbuch des deutschen Civilprozeßrechts I S. 499 auf der Grundlage des gemeinen Prozesses — allerdings mit erheblichen Abänderungen — aufgebaut worden sein, während ein anderer Rechtslehrer, Dr. J. Kohler, über dieselbe den Ausspruch thut: „nicht der gemeine Prozeß, dieses verfehlte Gebilde aus der Zeit der Zerklüftung, sondern die französische Civilprozeßgebung sei als die eigentliche Grundlage unserer Civilprozeßordnung zu betrachten."

Als Eigentümlichkeiten des französischen Verfahrens gegenüber dem früheren gemeinen Prozeß Deutschlands lassen sich erkennen: 1. die (mit Öffentlichkeit verbundene) Mündlichkeit, 2. die Einheit des Gesamtverfahrens gegenüber dem Cäsurensystem des gemeinen Prozesses und die damit in Zusammenhang stehende Befreiung von Eventualmaxime und anderen Fesseln des letzteren, 3. ein Parteibetrieb, der den Richter auf das Urteilfinden beschränkt.

Es ist nun eine auffallende Erscheinung in den civilprozessualen Reformbestrebungen Deutschlands gewesen, daß man im Anfang und längere Zeit hindurch allein oder doch vorwiegend die eben zuerst benannte Eigentümlichkeit in Betracht zog. Mit Einführung der Mündlichkeit glaubte man die Hauptsache der Reform gethan zu haben. Erklärlich ist diese Erscheinung dadurch, daß die Frage der civilprozessualen Reform durch die Verquickung mit den politischen Freiheitsforderungen ebenfalls einen politischen Anstrich erhalten mußte. Auf der politischen Freiheitsfahne war als Kennzeichen der zu erzielenden Reform nach französischem Muster die Öffentlichkeit und Mündlichkeit (für Straf- und Civilverfahren) geschrieben.

Nun soll gewiß, trotz des vom Verfasser dieser Studie gegen die Übertreibung des Princips der Mündlichkeit in der RCPO. unternommenen Kampfs, der hohe Wert dieser Einrichtung nicht bekämpft werden. Es ist jedoch auffallend, daß grade dieses erste Princip, abgesehen von der Frage, ob es in der That das eigentlich fundamentale ist, in der französischen Civilprozeßordnung nicht konsequent und nur unvollständig durchgeführt worden ist. Abgesehen davon, daß der code de procédure art. 95 das schriftliche Verfahren mit richterlichem Referat für Sachen, die sich nicht zum mündlichen Verfahren eignen, erlaubt, ist besonders hervorzuheben, daß durch das bloße Verlesen der Konklusionen im ersten Termin der Rechtsstreit der Art kontradiktorisch wird, daß auch beim Ausbleiben einer oder andern Partei das Gericht kein Versäumnisurteil erlassen kann, vielmehr das in den Konklusionen Niedergelegte (also Princip der Schriftlichkeit) auf jeden Fall berücksichtigt werden muß.

Erst allmählich traten die beiden anderen oben angeführten Eigentümlichkeiten des französischen Prozesses bei den deutschen Reformbestrebungen in die ihnen gebührende wichtige Stellung. Bei der Beratung der RCPO. insbesondere wurde das zweite Prinzip, die Gestaltung freier Beweglichkeit verbunden mit dem Princip der Einheit des ganzen Prozesses im wesentlichen acceptiert, und wurde, dies allerdings mit ganz erheblichen Einschränkungen, auch der dritte Grundsatz bei der Neukonstruktion des Prozeßverfahrens in Verwendung genommen.

Gegen diesen dritten Grundsatz in der Anwendung,

wie ihn der französische Prozeß so überaus konsequent durchgeführt hat, sind bei den Beratungen des neuen deutschen Prozeßrechts die schwersten und nachhaltigsten Einwendungen stets erhoben worden. Es soll hier auch keineswegs versucht werden, für die französische Durchführung dieses Grundsatzes eine Lanze zu brechen. Etwas Anderes aber ist es, was jenen Beanstandungen gegenüber hier klargestellt werden muß.

Der erwähnte Grundsatz eines den Richter auf die Fällung des Urteils beschränkenden Parteibetriebs ist nach meiner Ansicht von einem etwas einseitigen Standpunkte aus kritisiert worden. Man trat an diese eigentümliche Gestaltung des französischen Prozesses mit der vorgefaßten, im gemeinen Prozeß herrschenden Auffassung heran, daß Prozeß stets den vom Richter zu entscheidenden Rechtsstreit darstelle. Von diesem Standpunkte aus sah man in dem ganzen zwischen den Parteien direkt ohne Beteiligung des Gerichts vor der mündlichen Gerichtsverhandlung sich abspielenden Vorverfahren nichts anderes als die Instruktion des Rechtsstreits für den Richter, stellte daher die Officialleitung des Prozesses durch den Richter, wie sie der gemeine Prozeß hat, einfach in Parallele mit dem Parteibetriebe des den Richter zur Passivität in dieser Richtung zwingenden französischen Rechts. Man charakterisierte letzteres in dem Satze, daß die Parteien die Thatfrage, der Richter die Rechtsfrage zu entscheiden habe.

In Wirklichkeit aber ist mit einer solchen Auffassung der Gedanke dieser französischen Einrichtung durchaus nicht vollständig erschöpft. Die Parteienthätigkeit ist keineswegs beschränkt auf das thatsächliche Material, ihr Zweck ist nicht damit erledigt, dem Gericht den thatsächlichen Stoff zum Rechtsspruch vorzubereiten. Man muß vielmehr in diesem Parteibetrieb auch den Gedanken verwirklicht sehen, daß — bevor vor dem Richter ein Rechtsstreit geführt wird — womöglich die Parteien selber ihren Rechtshandel auszutragen haben. Man hat in diesem französischen Vorverfahren in der That einen Ersatz für das vor dem römischen Prätor stattfindende Verfahren in jure. Wie man das letztere stets nur vom Standpunkt der Vorbereitung für das judicium betrachtete und daher seine prozeßabschneidende und vereinfachende Bedeutung verkannte, so hat man auch bei dem Parteiverkehr des französischen Verfahrens übersehen, jedenfalls aber nicht genügend gewürdigt, daß durch dasselbe ein Weg gefunden wurde, Rechtshändel ohne Anrufung des Gerichts durch Parteienthätigkeit aus der Welt zu schaffen. Der Nachweis dieses Übersehens aber dürfte für die weitere Entwicklung unseres Prozeßverfahrens nicht ohne Nutzen sein.

Der Gedanke, daß die Parteien ohne Rechtsspruch des Richters ihr Recht selber zu verwirklichen berufen sind, tritt uns im französischen Recht zunächst in dem Institut der exekutorischen Urkunden entgegen. Alle mit der exekutorischen Formel versehenen Notariatsurkunden und richterlichen Beurkundungen, die eine bestimmte Verbindlichkeit ausdrücken, können, ohne daß — wie im deutschen Prozeß — eine ausdrücklich Unterwerfung des Schuldners unter die Vollstreckungsfolge zur Bedingung gemacht ist, sofort vollstreckt werden. Das unzweifelhaft festgestellte Privatrecht trägt hier seine Erzwingbarkeit in sich selber; das Recht zur Exekution fließt unmittelbar aus dem Gesetze. Somit haben wir es in der That hier mit einer Art legis actio zu thun.

Ob diese weitgehende Ausdehnung des Instituts vollstreckbarer Urkunden der Beschränkung der RCPO. vorzuziehen sei oder umgekehrt, ist hier nicht zu erörtern. Der Gesichtspunkt, daß für den Schutz des Schuldners dabei nicht genügend gesorgt sei, wird vielleicht gegen die französische Ausdehnung der Einrichtung sprechen, die zudem wohl mit der hervorragenden Bedeutung des Urkundenbeweises im französischen Recht zusammenhängt.

Wie in der Einleitung bemerkt wurde, hat sich in Deutschland (RCPO) der Gedanke, daß der Privatberechtigte ohne Richterspruch sein Recht selber festzustellen und zu verwirklichen berufen sei, im Institut des Mahnverfahrens Bahn gebrochen. Dieses fehlt dem code de procédure. Inwiefern aber im Kontumacialverfahren der gleiche Gedanke im französischen Prozeß bereits sich verwirklicht hat, wird die nähere Betrachtung des Prozeßverfahrens, insbesondere die für die Kollegialgerichtsfälle bestimmte Prozedur zeigen.

Bei letzterer fällt sofort, im Unterschied gegen die Einleitung des kollegialgerichtlichen Prozesses in Deutschland, die Thatsache auf, daß nach art. 48 des code de procédure für die kollegialgerichtlichen Fälle (mit den im art. 49 statuierten Ausnahmen) die Vornahme eines Sühneversuchs vor dem Friedensgericht vorgeschrieben ist. Die Parteien müssen dort erscheinen; der Kläger kann sonst die Verhandlung seiner Sache nicht erreichen, der Beklagte verfällt in eine Geldstrafe im Fall des Ausbleibens. Auch ist speciell das persönliche Erscheinen als Regel geboten.

Man hat nun bei der Beratung der RCPO. diese Vorschrift als für unsere Verhältnisse durchaus nicht passend einstimmig verworfen, und in der That würde eine ähnliche Maßregel, daß die Parteien bei uns vor der Prozeßführung zunächst vor dem Amtsgericht zu erscheinen hätten, keinen großen Nutzen, unter Umständen aber eine Verschleppung der Sache zur Folge haben. Ob aber nicht dieses Sühne-Institut in anderer Gestaltung — in Verbindung nämlich gebracht mit der von mir vorgeschlagenen Einrichtung eines Vorverfahrens vor dem Gerichtsdeputierten — sehr segensreich wirken könnte, wäre in der That eingehender Erwägung wert. Was der in die Sache nicht weiter eingeweihte, an der Sache selbstredend auch kein eingehendes Interesse nehmende Amtsrichter selten erzielen wird, die Herbeiführung eines Vergleichs, das wird (Beispiele vergleichseifriger Referenten in Zeugenterminen u. s. w. lehren es) dem Deputierten bei Einleitung des Rechtsstreits vor dem Kollegialgericht oft sehr leicht gelingen.

Für das französische Sühneverfahren vor dem Friedensgericht kommt nun eine Einrichtung noch fördernd in Betracht, die insbesondere sprechend ist für die Tendenz des französischen Verfahrens, daß die Streitigkeiten durch die Parteien selber erledigt werden sollen. Es ist das die Bestimmung des art. 55 des code de procédure, wonach die Parteien vor dem Friedensrichter in dem Sühnetermin einander Eide zuschieben und Eide sofort schwören können. Bei der Beschränkung des Zeugenbeweises im französischen Verfahren bedeutet das — wenigstens principiell — in der That für viele Fälle die Möglichkeit, den Rechtsstreit, auch wenn er nicht verglichen wird, durch bloße Parteienthätigkeit zu richten, zu erledigen. Ist durch Eidesleistung oder Eidesweigerung der Ausgang des Streits entschieden, so wird es — abgesehen vom Kostenpunkt oder von Fällen, wo Beklagter bloß Zeit gewinnen oder chikanieren will — nicht mehr nötig sein, die Sache in die öffentliche Sitzung zu bringen. In andern Fällen aber, wo sachlich noch eine Entscheidung nötig ist, wird wenigstens eine wesentliche Vereinfachung des Prozeßmaterials zufolge der Eides-Leistung oder Verweigerung erzielt werden können.

Als Mangel erscheint es bei der Einrichtung dieses Sühneverfahrens, daß die Erledigung des Rechtshandels durch Vergleich oder confessio nur in Form und mit Wirkung einer Privaturkunde protokolliert werden kann (art. 54); die exekutorische Kraft der Selbsterledigung des Streits (wie sie der deutsche Prozeß wenigstens beim Transakt, nicht aber bei der bloßen confessio in jure hat) entspricht allein der Konsequenz.

Ist es nun, um den weitern Fortgang des französischen Verfahrens zu erörtern, im Termin vor dem Friedensgericht nicht gelungen die Sache zu erledigen, so kommt es auch jetzt noch nicht sofort zur Anrufung der gerichtlichen Entscheidung. Auch die Kosten eines Anwalts, dessen Zuziehung im Sühnetermin natürlich nicht stattzufinden brauchte, können sich die Parteien einstweilen noch ersparen. Es handelt sich nämlich nicht sofort um Einreichung einer nach allen Regeln der Kunst, wegen der Gefahr der Formverletzungen von einem Rechtsgelehrten anzufertigenden Klage, durch deren Zustellung das Prozeßrechtsverhältnis zwischen Kläger und Beklagten erzeugt werden soll; es handelt sich zunächst nur um eine bloße Klaganmeldung (ajournement), welche bei dem huissier (der kein Organ des Gerichts, sondern selbständiger Beamter ist) zu erfolgen hat. Die vom huissier aufgenommene Klaganmeldung, welche sich auf den notwendigsten Sachverhalt und den Anspruch beschränken kann, und deren Zustellung an Beklagten haben zunächst nur die eine Wirkung, daß Beklagter — wenn er sich überhaupt verteidigen will — einen Anwalt zu bestellen hat. Der Kläger — falls nicht seine Klaganmeldung schon von einem Anwalt geschah — hatte bei dem huissier den Namen seines Anwalts aufzugeben.

Man hat bei der Beratung der RCPO. (vergl. Protokolle, 2. Lesung bei Hahn II S. 999) den alleinigen Zweck dieser unseren Anschauungen etwas kurios vorkommenden Einrichtung nur darin gefunden, daß durch die Anwaltsbestellung des Beklagten die Grundlage für den zwischen den Anwälten dann stattfindenden Wechsel der vorbereitenden Schriftsätze geschaffen werden solle (so der Direktor des RJA.). In dieser Auffassung zeigt sich jedoch wieder die Einseitigkeit des lediglich an den Richter-Rechts-Streit gewöhnten deutschen Juristen. Gewiß hat die Einrichtung auch den Zweck der Etablierung des außergerichtlichen Schriftenwechsels der Rechtsanwälte. Es kann jedoch der Gedanke thatsächlich gar nicht von der Hand gewiesen werden, daß mit dieser Einrichtung des ajournement dem Kläger eine Möglichkeit eingeräumt werden soll, seinen Anspruch einem nichtwidersprechenden Gegner gegenüber ohne Rechtsstreit, ohne eigentliche Klage zu verwirklichen. Der Gegner, der in der im Akt des huissier ihm gesetzten kurzen Frist einen Anwalt nicht bestellt hat, verfällt den Folgen der contumacia; der Kläger kann sofort diese Folgen in einer Audienz des Gerichts durch défaut-Urteil aussprechen lassen.

Von seiten mehrerer Reichstags-Kommissionsmitglieder wurde (vergl. oben Hahn) zur Beschleunigung des in der

RCPO. vorgesehenen langsamen Kontumacialverfahrens eine Nachahmung der französischen Einrichtung dahin beantragt, daß die Klage die Aufforderung enthalten könne an den Beklagten, schon vor dem Termin innerhalb gewisser Frist bei Vermeiden der Kontumacialfolge einen Anwalt zu bestellen. Der Antrag wurde jedoch hauptsächlich aus dem ziemlich dürftigen Grunde zurückgewiesen, daß man das System der Terminsbestimmung des deutschen Prozesses nicht mit dem Rollensystem des französischen Prozesses vermengen dürfe. Auch hier dürfte wohl eine alle Bedenken beseitigende Lösung der Kontumacialfrage in dem Vorschlag des dem Haupttermin vorausgehenden Respiciententermins zu finden sein. (Siehe Anhang S. 111 ff.)

Hat im französischen Prozeß der Beklagte innerhalb der ihm gesetzten Frist einen Rechtsanwalt bestellt, so soll nun — soweit nötig — der Schriftenwechsel unter den Rechtsanwälten stattfinden. Auch hier handelt es sich noch nicht um eine Beteiligung des Gerichts. Ist der Schriftenwechsel auch eventuell für die Entscheidung des Gerichts bestimmt (d. h. der Inhalt des Schriftenwechsels), so handelt es sich doch zunächst nur um einen — der Kenntnis des Gerichts entzogenen — vom Gesetz organisierten Privatkrieg der Parteien, bei dem die Möglichkeit der friedlichen Erledigung ohne Richterthätigkeit noch nicht ausgeschlossen ist, vielmehr wohl häufig genug vorzukommen pflegt. Erst wenn diese Möglichkeit ausgeschlossen ist, bringt der fleißigere Teil (art. 101) die Sache in die Audienz des Gerichtshofs, der damit zum erstenmale für die Erledigung des Prozesses engagiert wird. Auch dann ist im Termin gegen die nicht erschienene (bezw. vertretene) Partei noch Versäumnisurteil möglich.

Die Erlassung eines solchen wird jedoch ausgeschlossen, sobald in der Sitzung des Gerichts die Anwälte die motivierten Konklusionen verlesen haben, ein Formalakt, der eine Art Litiskontestation darstellt. Es entspricht dies wiederum einer Eigentümlichkeit des römischen Formularprozesses, der in judicio ebenfalls kein Versäumnisurteil mehr zuläßt, weil unbedingt da ein vom Gericht zu entscheidender Rechtsstreit festgelegt worden ist.

Wenn nun durch diese Eigentümlichkeit des französischen Verfahrens notwendigerweise das Mündlichkeitsprincip ein Loch bekommen muß, so ist dies Princip doch andererseits dadurch in seiner Wirkung, gegenüber dem deutschen System der Einreichung von Abschriften der gewechselten Schriften an den Gerichtshof, erheblich verstärkt, daß letzterer in Frankreich solche Abschriften nicht bekommt, sondern alle Mitglieder des Kollegiums ohne jede Kenntnis der Sache an den Rechtsstreit unbefangen herantreten. Die Vorzüge solcher Unmittelbarkeit sind auch bei der Beratung der RCPO. vielfach gepriesen worden. Doch wird wohl für die Zukunft mit einer etwaigen Nachahmung dieses Systems nicht mehr gerechnet werden dürfen. Die vollständige Passivität des Gerichts — die Beschränkung desselben auf anhören und richten — hat zweifellos schwerwiegende Bedenken. Auch im französischen Prozeß wird nachgeholfen durch das Recht des Gerichts, die Anwaltsakten zu erheben, wodurch wiederum der Mündlichkeit insofern erheblicher Abbruch geschieht, als — oft längere Zeit nach den Plaidoyers — dieser schriftliche Akteninhalt einen großen Einfluß auf die Entscheidung gewinnen kann. Als Ersatz für die Mündlichkeit dient dann das von dem Gerichtsreferenten in öffentlicher Sitzung erstattete Referat, über welches jedoch die Anwälte nicht mehr gehört werden dürfen; dieselben sind darauf beschränkt, alsbald in einfachen schriftlichen Noten Gegenbemerkungen dem Gericht zu überreichen, die dann pflichtgemäßer Würdigung unterzogen werden.

Es interessiert nun an dieser Stelle nicht, noch weiter den Gang und die Einrichtung des französischen Verfahrens zu betrachten. Nur das verdient noch bemerkt zu werden, daß das französische Prozeßrecht ein sehr weitgehendes Fragerecht unter den Parteien konstituiert. Jede Partei, in jeder Lage des Prozesses, hat das Recht, die Gegenpartei über erhebliche Thatumstände durch das Gericht befragen zu lassen. Wenn das Gericht dem Antrag stattgiebt, so findet die Befragung durch einen Deputierten ohne Anwesenheit der Rechtsanwälte statt. Die Verweigerung der Antwort zieht die poena confessi nach sich. Daneben besteht für das Gericht die Befugnis, in jeder Lage des Prozesses das persönliche Erscheinen der Parteien anzuordnen und dieselben sub poena confessi zu befragen. Inwiefern die Einführung dieses interrogatoire, das sich nach dem Zeugnis der Kenner in Frankreich und den Rheinlanden gut bewährt haben soll (Protokolle der Kommission bei Hahn I S. 566), zu befürworten wäre oder nicht, soll weiter unten erörtert werden.

Zweite Abteilung.

Die Reichscivilprozeßordnung, ihre Kritik und Reform.

A. Die Forderung erweiterter Befugnis der Parteien zur Selbstaustragung ihrer Prozesse.

Nach den bereits an verschiedenen Stellen dieser Arbeit vom Verfasser gemachten Andeutungen kann es nicht mehr zweifelhaft sein, daß derselbe ein Hauptgebrechen des deutschen Prozesses in der rücksichtslosen Zuschneidung des ganzen Verfahrens für den allein als maßgebend unterstellten Zweck der Herbeiführung eines richterlichen Urteils zur Entscheidung des Rechtsstreits findet.

Es ist zwar auch bereits hervorgehoben worden, daß thatsächlich, wenn auch vielleicht dem Gesetzgeber selber nicht klar bewußt, in einzelnen Prozeduren dem Gedanken Einlaß gewährt wurde, daß die Parteien ihr Privatrecht ohne Rechtsstreit, einseitig feststellen können. Es wurde dafür auf das Institut der vollstreckbaren Notariatsurkunden (bei deren Errichtung allerdings der Beklagte im Gegensatz zum französischen Prozeßrecht sich ausdrücklich der event. Vollstreckung unterwerfen muß), auf das Mahnverfahren, Aufgebotsverfahren und auch auf die Kontumacialbetreibung hingewiesen.

Der richtige Gedanke, daß in erster Reihe, ehe der Richter kommt, das Parteienvorgehen die Rechtsverwirklichung besorgt, ist jedoch in der Theorie des deutschen Civilprozesses noch keineswegs acceptiert worden. Man kann sich des altgewohnten Eindrucks nicht erwehren, daß jede Rechtsverwirklichung vom Richter auszugehen hat. Selbst bei der Vollstreckung einer vollstreckbaren Notariatsurkunde, die oben für das französische Prozeßrecht als eine wahre legis actio bezeichnet wurde, hält es die Theorie für nötig, die Vollstreckungserlaubnis wenigstens fiktiv für den Richter zu reservieren. Nach Planck I S. 125 wird der Gerichtsvollzieher, der die Voraussetzungen für die Vollstreckung einer exekutorischen Urkunde doch selber zu prüfen hat, als ein Werkzeug des Richters hingestellt und wird konstruiert, daß in der hier entwickelten Thätigkeit des Gerichtsvollziehers somit doch eigentlich der hinter dem Gerichtsvollzieher stehende Richter entscheide und verfüge. Von diesem Standpunkt aus wäre eigentlich die Wirkung der exekutorischen Urkunde auf die gleiche prozeßrechtliche Stufe zu stellen, wie das frühere, in der RCPO. nicht aufgenommene, Institut des mandatum sine clausula (unbedingter Befehl der badischen PO. vom Jahre 1864).

Richtiger Auffassung nach (wie sie auch J. Kohler in seiner Schrift: Der Prozeß als Rechtsverhältnis, vertritt) ist der Gerichtsvollzieher, wenn er auch nicht die selbständige Stellung des huissier erhalten hat, doch nicht Organ des Gerichts, sondern Organ der Partei, d. h. die selbständige obrigkeitliche Person, welche der Staat für die Verwirklichung festgestellter Privatrechte dem Privaten zur Verfügung stellt. Und demselben Gedanken entsprechend ist auch der Richter selber, wo er dem Privaten zu genanntem Zweck zur Verfügung gestellt ist, rechtlich nicht anders aufzufassen als der Gerichtsvollzieher; er ist da nicht Richter im engern Sinne, sondern Obrigkeit, Prätor, nicht judex. In solcher Prätoreigenschaft ist er auch bei dem Mandatsverfahren dazu berufen, dem Zahlbefehl nach Ablauf der darin gesetzten Frist die Vollstreckungsklausel beizusetzen. Es wäre theoretisch dazu auch der Gerichtsschreiber, nicht als Organ des Gerichts, sondern selbständig, durchaus berechtigt und nur Gründe der Zweckmäßigkeit sind es gewesen, daß man diesen Beisatz dem Richter=Prätor vorbehalten hat. Als erwähnenswert für den Charakter des Zahlbefehls als Parteien=Rechtsverwirklichung möge hier noch auf die Einrichtung der früheren preußischen VO. und des sächsischen Entwurfs hingewiesen werden, wonach schon der Zahlbefehl selber — wenn nicht innerhalb der Widerspruchsfrist Widerspruch eingelegt wurde — als Feststellung des klägerischen, dem Richter doch gänzlich unbewiesenen Anspruchs galt, mit sofortigem Exekutionsrecht für den Kläger. —

Was nun weiter das Kontumacialverfahren angeht, so steckt es noch weit mehr in den Fesseln der Theorie, daß jede Prozedur ein vom Richter zu entscheidender Rechtsstreit sei. Bereits oben bei der Betrachtung des französischen Kontumacialverfahrens im außergerichtlichen Parteibetriebe wurde der theoretische Widerspruch gegen die Nachahmung dieses Verfahrens berührt. Man führte auch dagegen ins Feld, daß das Princip der Mündlichkeit damit verletzt werde, ferner daß Beklagter doch Kenntnis von dem Termin haben müsse, in welchem das Kollegialgericht das Versäumnisurteil erlasse. Diese Einwürfe würden sofort in sich zusammenfallen, wenn man nicht auch für die im Kontumacialverfahren sich ausgestaltende Selbstverwirk=

lichung des Rechts durch die Partei stets noch die Notwendigkeit des Richterurteils festhielte. Schon in der Einleitung ist ausgeführt worden, daß man — wenn an dem Gedanken, es gelte auch hier richterliche Aburteilung eines Rechtsstreits, festgehalten werden soll — zu künstlichen und überflüssigen Fiktionen greifen muß, zu der Unterstellung eines in Wirklichkeit gar nicht vorhandenen Zugeständnisses.

Der Staat muß sich, wenn er überhaupt das Kontumacialprincip mit „poena confessi" wirksam werden lassen will, doch notwendigerweise darauf beschränken, den geltend gemachten Anspruch hinsichtlich der thatsächlichen Substantiierung und rechtlichen Schlüssigkeit zu prüfen, der betreibenden Partei die gesetzlich geordnete Bahn an Stelle der gewaltsamen Selbsthilfe vorzuschreiben und dem Gegner die Möglichkeit der Verteidigung zu gewährleisten. Mehr kann der Staat überhaupt nicht leisten; die Fiktion, daß der Richter mehr thue, daß er ein Urteil auf Grund vorgenommener causae cognitio fälle, ist weder notwendig noch nützlich. Wenn man einmal zugiebt, daß das „Verwirkungsprincip", wonach jeder Angriff gilt, wenn er nicht bekämpft wird, allein geeignet ist, sämtliche Ungehorsamsfolgen der Prozeßordnung auf einen Gedanken zurückzuführen; so ist man nicht berechtigt, statt nun diesen allein richtigen Gedanken zum giltigen Princip des Kontumacialwesens zu machen, lediglich deswegen, weil man den geschichtlichen Zusammenhang mit der Fiktionstheorie nicht aufgeben mag, das richtige Princip zu verleugnen. (Letzteres bei Planck.)

Dieses Festhalten an der geschichtlichen Kontinuität steht der Verbesserung unseres Kontumacialbetriebes sehr hinderlich im Wege, weil durch dieselbe immer wieder die Kontumacialfeststellung der mündlichen Verhandlung des Gerichtes und dessen Urteil vorbehalten bleibt, wodurch in den kollegialgerichtlichen Fällen jene lästige und lächerliche Verschleppung entsteht, die im anliegenden Aufsatze mit gutem Grund gegeißelt wurde.

Man ist zwar aus Vorliebe für die Fiktionstheorie und aus Anhänglichkeit an die Richter-Rechtsstreittheorie bei den Beratungen der RCPO. soweit gegangen, die Forderung einer größern Beschleunigung des Kontumacialverfahrens durch Nachahmung der französischen Einrichtung deswegen für überflüssig zu erklären, weil angeblich ja das Mahnverfahren genügende Vorsorge für schnelle Betreibung gewähre. Auch könne ja der Zweck, alsbald festzustellen, ob Beklagter überhaupt prozessieren wolle oder nicht, durch Zahlbefehl sofort erreicht werden.

Dem gegenüber ist zwar einzuräumen, daß in amtsgerichtlichen Sachen der Zahlbefehl diesen Zweck erfüllt. Es geht nicht viel Zeit verloren, weil auch im Fall des Widerspruchs die Sache anhängig bleibt, und sofort mündliche Verhandlung derselben stattfindet. Ganz anders aber gestaltet sich die Sache bei den kollegialgerichtlichen Fällen. Der Widerspruch gegen einen Zahlbefehl ist ein so außerordentlich leichtes und dazu so wenig kostspieliges Mittel, Zeit zu gewinnen, daß in zahlreichen Fällen weder Partei noch Rechtsanwalt selbst da, wo sie Kontumacialurteil mehr oder weniger bestimmt erwarten, die Verschleppung der Sache durch das Mahnverfahren riskieren mögen, sondern lieber sofort den Rechtskrieg vor dem Richter einleiten.

Es ist also sehr wichtig und sehr notwendig, neben

dem Mahnverfahren, das ja zudem in seiner Anwendung durch § 628 PO. sehr beschränkt ist, noch einen andern Kontumacialbetrieb für alle landgerichtlichen Sachen (mit Ausnahme der Ehesachen u. s. w.) zu haben, bei dem es nicht alsbald nötig ist den Rechtskampf durch Klaganstellung zu eröffnen und Richterspruch anzurufen. Derselbe Gedanke, der das Mahnverfahren ins Leben gerufen hat, daß es nämlich nicht gilt zu prozessieren (im engern Sinne), sondern den säumigen Beklagten zur Erfüllung unstreitigen Rechts zu zwingen (Motive zum VII. Buch), muß weiter ausgestaltet werden.

Unnötig für die Erledigung solcher Fälle erscheint die förmliche Klage mit Vorladung vor das Kollegium, unnötig auch der Anwaltszwang, der ja — wenn er nicht als eine schwere Bedrückung des steuerzahlenden Publikums gelten soll — nur in dem Gedanken seine principielle Berechtigung findet, daß er für die Instruierung und Verhandlung der streitigen Sachen am Kollegialgericht, für dessen sichere Jurisdiktion unentbehrlich ist.

Da die Nachahmung des französischen Verfahrens (Anhängigmachung der Sache bei dem huissier) sich in der That wohl nicht empfiehlt, das französische Gesetz außerdem noch an der Notwendigkeit die contumacia in die Audienz zu bringen, festhält; so empfiehlt sich lediglich der im Anhang (S. 111) gemachte Vorschlag, die contumacia und deren Folgen im Vorverfahren vor einem Gerichtsdeputierten feststellen zu lassen. Es wäre also der Beklagte mit summarischer Angabe und Substantiierung des Anspruchs (wenn Kläger es vorzieht, auch mit eingehender Klagbegründung) in einen Termin vor den Gerichtsdeputierten unter Androhung der Kontumacialfolge vorzuladen. Die contumacia würde in diesem Termin festgestellt, und entweder vom Deputierten oder — wenn dieser Bedenken hätte — vom Kollegium auf Referat schriftlich sofort das Kontumacialerkenntnis erlassen und dem Kläger zugestellt. Das zu erlassende Erkenntnis ist kein Urteil, sondern ein Dekret, eine Art Vollstreckungsbefehl wie im Mandatsverfahren. Der Unterschied dem letzteren gegenüber läge nur darin, daß die Prüfung des klägerischen Anspruchs eine etwas gründlichere sein muß.

Wird bei dieser Prüfung gefunden, daß dem Kontumacialdekret erhebliche Bedenken entgegenstehen; so würde nunmehr erst Veranlassung sein, den Kläger zur mündlichen Begründung seines Antrags in eine Sitzung des Kollegialgerichts vorzuladen.

Die Möglichkeit aber, daß vom Kollegium auf bloßes Referat des Richters ohne Vorladung des Klägers vor das Kollegium hier Versäumnisdekret erlassen würde, wäre nun ja allerdings vom Standpunkt der jetzigen Theorie aus eine schnöde Durchbrechung des sakrosankten Princips der Mündlichkeit. Indessen bei richtiger Auffassung sind doch derartige Principien, die Zweckmäßigkeits-, nicht gebietenden Rechts-Gründen entspringen, nicht dazu in der Welt, juristischen Baumeistern eine ungetrübte Freude am reinen Stil ihres Bauwerks zu gewähren, sondern dazu, Publikum und Staat schnelle, richtige und auch billige Rechtsverfolgung zu verbürgen.

Was die Opposition gegen ein Versäumniserkenntnis angeht, so würde dieselbe sich dahin gestalten, daß der Termin über den Einspruch — mit allerkürzester Frist — ebenfalls vor dem Gerichtsdeputierten stattzufinden hätte und dorthin der Beklagte (wie auch bei Versäumnis des Klägers dieser) vorzuladen wäre, wiederum also nicht vor das Gerichtskollegium.

Nach den Vorschlägen des im Anhang abgedruckten Aufsatzes wird nämlich die Mitwirkung des Gerichtsdeputierten auch für ein Vorverfahren gefordert, das den Ersatz bilden soll für das rechtsstreit-vernichtende und vereinfachende Verfahren vor dem römischen Prätor, wie auch für das ähnliche Ziele verfolgende Vorstadium-Verfahren des französischen Prozesses.

Ein solches Verfahren fehlt unserm überall den Rechtsstreit vor den Richter wie ein rotes Tuch verfolgenden Prozeß vollständig. Nicht einmal das Vergleichsverfahren ist in den landgerichtlichen Sachen gehörig verwertet worden. Abgesehen von den mit öffentlichem Interesse verknüpften Angelegenheiten (§ 570 PO.) ist nirgends, nicht einmal bei Prozessen unter nächsten Verwandten (vergl. dagegen bad. PO. § 290) ein Vergleichsverfahren geboten. Die öffentliche Sitzung mit ihrer gehetzten Geschäftigkeit ist aber gewiß der allerungeeignetste Ort für Zustandekommen eines Vergleichs. Dem denn doch zweifellos sowohl im öffentlichen als privaten Interesse begründeten dringenden Bedürfnis nach Vergleichsversuchen ist auch durchaus nicht Genüge gethan mit der Bestimmung der §§ 268. 471 PO. und den gelegentlichen Versuchen mancher Respizienten bei Beweiserhebungsterminen einen Vergleich zu stande zu bringen.

Die beste, einfachste Gelegenheit zum Vergleichsversuch eröffnet sich nun aber bei der durch das vorgeschlagene Kontumacialverfahren eingeführten Notwendigkeit, daß die Parteien (bezw. ihre Vertreter) im Termin vor dem Deputierten erscheinen müssen, in dem dann — vgl. den Anhang

S. 111 ff. — ja auch sofort mangels friedlicher Erledigung der Sache weiter zu prozessieren ist. Ob man etwa die Vorladung der Parteien persönlich zu diesem Termin verlangen soll, müßte eingehend erwogen werden. Vielleicht aber wäre dem Respizienten in besonders dazu geeignet erscheinenden Fällen die Befugnis zu geben, die Parteien bei Strafvermeiden persönlich zu laden.

Außer der Erledigung des Rechtshandels durch Kontumacialdekret oder Vergleich ist in dem Termin vor dem Deputierten den Parteien die leichte und kostenlose, bezw. billige Möglichkeit gewahrt, den Prozeß durch confessio (event. auch Klagverzicht) zu erledigen. Die Ungebührlichkeit, dem Beklagten die einfache Abgabe einer confessio, wie jetzt geschieht, nach Kräften zu erschweren, ist im Anhang S. 111 ff. mit Recht scharf kritisiert worden. Es ist in der That eine ganz ungeheuerliche Zumutung der Principienreiterei an das Publikum, daß ein Schuldner, der momentan nicht zahlen kann, doch aber dem Gläubiger seine Loyalität durch Anerkennung des Anspruchs beweisen, vielleicht auch gern für solch Anerkenntnis eine mäßige Zahlungsfrist gewinnen möchte, daß der zu der höchst schwierigen und juristisch verwickelten Erklärung des Anerkenntnisses sich des Sprachrohrs eines gelehrten Juristen bedienen und diesem denjenigen Sportelbetrag, den er mit dem Anerkenntnisurteil gern sparen möchte, bezahlen soll. In der That: hier wird Vernunft zum Unsinn, Wohlthat Plage. —

In Bezug auf die Erledigung des Streits durch einen Vergleich wäre an dieser Stelle noch nachzutragen, daß derselbe, wenn er auch nicht den ganzen Rechtsstreit erledigt, doch noch in anderer Weise prozeßvereinfachend in

Wirksamkeit treten könnte. Die Parteien könnten nämlich in dazu besonders geeigneten Sachen vom Deputierten zur Abschließung eines Schiedsvertrags veranlaßt werden.

Das schiedsgerichtliche Verfahren, wie es zur Zeit auf Grund der Prozeßordnung hin und wieder, im ganzen selten, von den Parteien gewählt wird, leidet an dem Grundgebrechen, daß es in keinerlei organischem Zusammenhang mit dem Gerichtsverfahren gebracht worden ist.

Es wäre zunächst zur Förderung dieses Instituts wünschenswert, wenn es der Behörde überhaupt ermöglicht würde, die Parteien zur Einsetzung eines Schiedsgerichts in dazu geeigneten Prozessen zu veranlassen. Es giebt eine Menge solcher Fälle, bei denen die schiedsrichterliche Entscheidung der richterlichen im Interesse aller Beteiligten unbedingt vorzuziehen wäre. Wenn aber die Parteien einmal Anwälte bestellt, den Krieg vor dem Kollegialgericht im ordentlichen Prozeß eröffnet und die mündliche Verhandlung begonnen haben, dann ist der günstige Moment für die Einwirkung des Richters auf Einsetzung eines Schiedsgerichts gewöhnlich längst verpaßt. Dieser Moment ist da bei Beginn des klägerischen Vorgehens und kann vorteilhaft ausgenützt werden im Termin vor dem Gerichtsdeputierten.

Erfahrungsgemäß findet das von den Parteien bei Abschließung ihres Vertrags vereinbarte schiedsgerichtliche Verfahren seine Hauptschwierigkeiten in dem Augenblick, wo die eine oder andere Partei zur Austragung entstandener Differenzen das Schiedsgericht konstituieren und das Verfahren vor demselben eröffnen möchte. Die Einigung der Parteien darüber, wer Schiedsrichter sein soll, die Verhandlungen mit geeigneten Personen darüber, ob sie das schiedsrichterliche Amt annehmen wollen, die Instruktion des Verfahrens macht nicht selten ganz unglaubliche Schwierigkeiten, verschleppt die Eröffnung des Prozesses außerordentlich, ja nicht selten kommt es auch vor, daß irgend eine Zufälligkeit das mühsam konstituierte Schiedsgericht wieder aus den Fugen bringt und die Konstituierungsschwierigkeiten dann von neuem beginnen. Alle diese Schwierigkeiten, wovon wenigstens Verfasser ein Lied singen könnte, sind darauf zurückzuführen, daß jeder organische Zusammenhang mit den Gerichten fehlt, daß die Parteien lediglich auf sich angewiesen sind, wenn es gilt, das Schiedsgericht zu organisieren und in Bewegung zu setzen. So wird diese ganze Einrichtung, die sehr wohlthätig wirken könnte, zu einer oft so schwerfälligen Maschinerie, daß die Parteien, d. h. gewöhnlich diejenige, die die Erledigung der Sache wünscht, den Paragraphen verwünscht, in dem sie sich für den Fall eintretender Streitigkeiten einem Schiedsgericht unterworfen hat.

Wie viel glatter könnte sich dies Verfahren erledigen, wenn es Sache der Gerichte wäre, sich mehr darum zu kümmern, als es jetzt in den §§ 855. 857. 862. 868 CPO. vorgeschrieben ist, wonach das Gericht darauf beschränkt ist, eine Partei zur Errichtung eines Schiedsgerichts zu verurteilen, event. auch einen Schiedsrichter zu ernennen und die Zulässigkeit einer Zwangsvollstreckung auszusprechen. Das schiedsgerichtliche Verfahren müßte dem Gerichte gegenüber in eine ähnliche Beziehung gesetzt werden, wie sie das Verfahren in judicio zum Verfahren in jure hatte. Nach Ihering (vergl. oben) war ja anfangs das judicium nichts anderes als Schiedsgericht. Bei amtsgerichtlichen Streitwerten hätte der Amtsrichter, bei landgerichtlichen Objekten der Gerichtsdeputierte die Aufgabe, in den zur schiedsgerichtlichen Erledigung bestimmten Fällen mitzuwirken zunächst bei der Konstituierung des Schiedsgerichts, indem er womöglich eine Einigung der Parteien über die Personen der zu ernennenden Schiedsrichter zustande bringt, eventuell aber — wogegen den Parteien das Beschwerderecht zustehen müßte — die Schiedsrichter ernennt. Der Richter hätte sodann, in seiner Prätoren-Eigenschaft, die Schiedsrichter zur Annahme ihres Amtes zu veranlassen, sie vorzuladen, zu beeidigen und mit dem status controversiae bekannt zu machen, eine Art formula in factum concepta denselben zu erteilen, ferner die Abwicklung der Sache zu überwachen, Zeugen auf Antrag des Schiedsgerichts zu beeidigen (§ 862 PO.) rc., endlich auch den Schiedsspruch mündlich zu Protokoll oder schriftlich entgegenzunehmen.

Wenn auf solche Weise in den jetzt steuerlosen, allen Zufällen Preis gegebenen Kurs des schiedsgerichtlichen Verfahrens eine feste Steuerung hineinkäme, so würde zweifellos dieses Verfahren größere Beliebtheit bei dem rechtsuchenden Publikum wie auch bei den Rechtsanwälten gewinnen, die bei der jetzigen Rechtslage die sie zur Konstituierung eines Schiedsgerichts zwingenden Paragraphen in den ihnen zur Eröffnung des Rechtsstreits übergebenen Papieren wohl meistens mit einem gelinden Entsetzen betrachten. Es würde dann auch wohl dem Gerichtsdeputierten gelingen, in Fällen, in denen das schiedsgerichtliche Verfahren nicht vereinbart wurde, aber sehr zweckmäßig wäre (z. B. Bau-, Werkverdingsstreitigkeiten, Entschädigungsansprüchen bei feststehender Entschädigungspflicht), Parteien und Anwälte zum Schiedsvertrag zu bewegen.

Es werden ja auch bei jetziger Prozeßeinrichtung manche Fälle der eben angeführten Art — wenn auch formell durch das Richterurteil — so doch sachlich durch den Nicht-Juristen, Experten, entschieden. Aber zur Zeit kommt diese Sachverständigenentscheidung erst dann, wenn zuvor erst — oft höchst unnötigerweise — vor dem versammelten Gerichtskollegium zwei Rechtsanwälte die in den Schriften weitläufig deponierte Unterlage der Expertise — häufig nur technische, handwerksmäßige, kommerzielle Auseinandersetzungen — in einer Juristen mehr oder weniger unverständlichen Art auseinanderzusetzen versucht haben, ein Verfahren, bei dem die Mündlichkeit des Vortrags vor dem Kollegium zum Zerrbild werden muß. Auch ist in diesem Stadium des Prozesses häufig genug — wenn kein genügender Grund zur Sicherung des Beweises vorlag — die beste Gelegenheit zur sicheren Begutachtung bereits entwischt. Ferner liegt ja in der bloßen Expertise das, was anzustreben ist, nämlich eine definitive Erledigung des Streits oder auch einzelner Streitpunkte durch außergerichtliche Expertenentscheidung nicht vor.

Es erhebt sich nun aber die Frage, ob nicht das schiedsgerichtliche Verfahren auch in der Richtung zu einer weiteren Ausgestaltung verwertet werden könnte, daß das Gericht unter Umständen für berechtigt erklärt würde, es den Parteien aufzuzwingen. Unsere Gesetzgeber und Juristen haben sich traditionell in dem Gedankengange eingesponnen, daß es wegen der Notwendigkeit der Herstellung materiellen Rechts und wegen des souveränen Berufs der staatlichen Macht zur Herstellung der Rechtsordnung eigentlich allein Sache der Gerichte sei, Rechtshändel zu entscheiden, und daß die Parteien daher auch von den Gerichten die Entscheidung in allen Haupt- und Nebendingen zu fordern berechtigt seien. Diese Auffassung dürfte jedoch nicht stichhaltig sein. Der Staat hat nur daran ein Interesse in Civilrechtsstreitigkeiten (abgesehen von Ehestreitigkeiten u. s. w.), daß die Parteien ihre Rechtshändel überhaupt ausgleichen, und zwar ohne Vergewaltigung auf friedliche und nicht unmoralische Weise ausgleichen. Wie das geschieht, ist schließlich gleichgültig. Der Staatsgewalt könnte es auch genügen, wenn die Parteien statt einen Prozeß zu „riskieren" („varen" im altgerman. Prozeß), sich eines Würfel- oder Kartenspiels bedienen. Wenn es nun freilich auch seine Würde nicht gestatten dürfte, dem Gerichtsdeputierten die Arrangierung eines solchen Spiels zur Erledigung des Rechtsstreits anheimzugeben, (das Los spielt bekanntlich in der jurisdictio voluntaria eine Rolle), so kann doch auch der Anspruch von den Parteien an den Staat nicht erhoben werden, daß ihnen in jedwedem Falle grade richterliche Entscheidung gewährt werde. Es widerspricht weder der vom Staat zu prästierenden Gerechtigkeit noch dem gerechtfertigten Parteiinteresse, wenn das Gericht unter Umständen die Austragung des Rechtsstreits einem Nicht-Richter, einer sachverständigen Privatperson überträgt.

Auch hier zeigt das Beispiel eines die bürgerliche Freiheit eifersüchtig wahrenden Volkes, der Engländer, daß letzteres ohne Schaden für das Privatrecht geschehen kann. Nach Ernst Schuster: „die bürgerliche Rechtspflege in England" kann in England dann, wenn in einem Rechtsstreit Rechnungsangelegenheiten, deren Prüfung vor Gericht unzweckmäßig erscheint, vorkommen, deren Verweisung an einen Schiedsrichter angeordnet werden und zwar zu jeder

Zeit nach Ausgabe der Prozeßladung durch Verfügung in chambers auf Antrag einer Partei oder bei der Hauptverhandlung durch Anordnung ex officio. Die hierbei auftauchenden Rechtsfragen werden durch den Richter, thatsächliche Fragen durch die Jury erledigt, wenn die Einbringung eines Postens davon abhängt. Der Schiedsspruch aber hat, was hier speciell hervorzuheben ist, die Wirkung wie das Verdikt einer Jury.

Die analoge Anwendung und Weiterbildung dieses englischen Vorbildes für das deutsche Verfahren wäre durchaus wünschenswert. Es könnte dem Gericht sehr wohl die Befugnis eingeräumt werden, gewisse Streitpunkte, deren Beantwortung jedenfalls von einem Sachverständigen in letzter Instanz ausgehen muß, durch schiedsgerichtlichen Ausspruch des Experten definitiv erledigen zu lassen. Die durch eine derartige Delegation zu befürchtende Gefahr der Benachteiligung eines Parteiinteresses — insbesondere wenn man sie dem Gerichtsdeputierten übertragen wollte — müßte durch die Befugnis zur Beschwerde, eventuell dadurch beseitigt werden, daß der Schiedsspruch in zweiter Instanz der Anfechtung unterzogen werden darf. Die jetzige Einrichtung, daß in allen Fällen, wo irgend etwas von einem Sachverständigen zu beantworten ist, der Experte als ein Beweismittel in der Hand der Parteien (Planck, § 122, Note 5) oder höchstens als Gehilfe des Gerichts angesehen wird und daß sein Ausspruch in jeder Instanz von den Parteien oder dem Gericht selbst wieder bemängelt werden darf, führt zu Verschleppungen, die wenigstens in einzelnen Fällen durch Aufstellung eines Sachverständigen-Judex (arbiter) ohne Schaden für die Gerechtigkeit sehr wohl vermieden werden könnten.

Was in § 118 des G. V. G. der Kammer für Handelssachen zusteht, nämlich über Gegenstände, zu deren Beurteilung eine kaufmännische Begutachtung genügt, sowie über das Bestehen von Handelsgebräuchen auf Grund eigner Sachkunde und Wissenschaft zu entscheiden, eine Befugnis, die denn doch genauer besehen nicht vom Richter, sondern den beiden Experten-Beisitzern auszuüben ist, das kann man auch den Civilkammern (bei denen man ständige Expertenbeisitzer nicht wohl einführen kann) in der Gestalt einräumen, daß sie in geeigneten Fällen einen Experten als förmlichen Schiedsrichter der betreffenden Streitpunkte ernennen dürfen. Das Verbot jeglicher Delegation dürfte nicht unbedingt im Wesen des Rechtsstaats liegen.

Ob man freilich dem Gerichtsdeputierten die Befugnis einräumen dürfte, von einer solchen Verweisung an einen Experten-Judex Gebrauch zu machen, müßte sorgsamer Prüfung unterzogen werden. Der Gerichtsdeputierte wird aber schon dadurch Ersprießliches leisten, wenn er versucht, eine Vereinbarung der Parteien auf einen Schiedsspruch zur Erledigung entweder des ganzen Streits oder einzelner Streitpunkte herbeizuführen (z. B. über Höhe des Futtergeldes, des entgangenen Verdienstes, eines sonst eingetretenen Schadens, Reparaturbedürftigkeit eines Werks ꝛc.).

Nach den bisherigen Erörterungen haben wir als wirksames Mittel der Abschneidung und Vereinfachung der Rechtsstreite vor dem Gerichtsdeputierten betrachtet: einmal die einseitige Rechtsverwirklichung des Privatrechts im Kontumacialbetrieb, sodann die auf beiderseitigem Einverständnis der Parteien beruhende Erledigung durch confessio

6*

in jure, Verzicht, Vergleich (totalen und partiellen, letzteren auch auf die Einsetzung eines Schiedsgerichts zielend). Es fragt sich, ob für die Selbstaustragung des Prozesses durch die Parteien, ohne richterliche Thätigkeit und Entscheidung noch andere Wege offen stehen.

Die Antwort auf diese Frage giebt der römische Formularprozeß in seinem jusjurandum in jure und die französische Einrichtung, daß im Sühneverfahren vor dem Friedensgericht die Parteien einander Eide zuschieben und Eide sofort leisten dürfen.

Das jusjurandum in jure des römischen Formularprozesses wird vom Standpunkt der modernen Prozeßtheorie deshalb für unzulässig erklärt, weil der Eid nur über Thatsachen geschworen werden dürfe. Das Recht festzustellen ist nach dieser Auffassung allein Sache des Richters. So ist denn auch die analoge Einrichtung des Rechtseides im germanischen Prozeß, welcher unzweideutig den Charakter eines Parteienurteils an sich trug (die Partei machte mit dem Eid ihr Ordel rechtskräftig) bei der Entwicklung des gemeinen Prozesses exstirpiert worden. Diese Vernichtung der germanischen Eidesform war unvermeidlich geworden, als man das germanische Princip der Selbstaustragung der Prozesse durch die Parteien der Theorie des Richterrechtsstreits zum Opfer brachte.

Daß es freilich heute keinen Rechtseid mehr gebe und der Eid stets nur über Thatsachen geschworen werden dürfe, ist bekanntlich nur in bedingter Weise gültig. Es werden sehr häufig, wenn auch nicht der Anspruch, so doch die den Anspruch unzweideutig repräsentierenden Rechtsbegriffe zum Eid gestellt, und insbesondere wird die rechtliche Erlöschung des Anspruchs (und damit die absolutio) direkt ins Gewissen des Schwörenden gelegt. Es wird zum Eid verstellt der Kauf, das Darleihen, der Verzicht, der Nachlaß, also lauter Rechtsbegriffe. Mit der eidlichen Erhärtung oder Bestreitung des Rechtsbegriffs ist alsbald dann auch über die Existenz des Anspruchs entschieden. Diese Entscheidung ist häufig eine so unzweideutige, daß es eigentlich als ein superfluum erscheint, wenn das Gericht noch ausspricht, was für die beiden Eventualitäten des Schwörens oder Eidweigerns Rechtens sein soll. Allerdings ist ja zuzugeben, daß die hier zugelassenen Rechtsausdrücke die für den Laien erkennbare, unzweideutige Zusammenfassung thatsächlicher rechtserzeugender oder rechtsvernichtender Geschehnisse sind.

Die Hauptsache aber bleibt bei der hier zu erörternden Frage schließlich die gleiche sowohl bei dem Rechtseide als auch bei dem Thatsacheneide. Der Unterschied nämlich des letztern gegenüber dem erstern, daß er Beweismittel, dieser aber Entscheidung des Streits durch die Partei sei, ist nicht richtig. Auch der Thatsacheneid ist in Wahrheit nichts anders als Selbstentscheidung, Selbstaustraguug, sei es des ganzen Streits, sei es eines bloßen Streitpunkts durch die Parteien.

Die Auffassung, daß der Haupteid in der jetzt zugelassenen Gestalt ein Beweismittel sei, beruht wieder auf einer jener beliebten Fiktionen, auf denen eine unrichtige Theorie so angenehm ruhen kann. In Wahrheit beweist der von einer Partei geschworene Haupteid gar nichts, weder der Gegenpartei gegenüber, die in der Mehrzahl der Fälle — wie jeder Rechtsanwalt bestätigen wird — mit mehr oder weniger Bestimmtheit die Ansicht vertritt, der Eid sei falsch geschworen, noch auch dem Richter gegenüber, der in den Fällen, wo er den Haupteid auferlegen muß, sich überhaupt jeder Sorge darüber entschlägt und entschlagen darf, wie denn eigentlich der wirkliche materielle Sachverhalt gewesen sei. Die Benennung des Haupteides als eines formalen Beweismittels ist nichts als eine Verlegenheitsauskunft. Ein Beweismittel beweist entweder etwas oder beweist nicht. Daß dem Richter zwangsweise zugemutet werden soll, etwas für bewiesen anzunehmen, wofür kein Beweis vorliegt, heißt ein Spiel treiben mit der Gerechtigkeit, mit der auf innerer Ueberzeugung beruhenden Urteilsthätigkeit des Richters.

Von einem formalen Beweismittel kann man allenfalls da sprechen, wo ein wirklich beweisendes Mittel vorliegt, dem gegenüber es dem Richter aber verboten oder der Natur der Sache nach versagt ist, Gegenbeweismittel zu erheben. So kann man im französischen Recht die Urkunde, der gegenüber Zeugenbeweis ausgeschlossen ist, ein formales Beweismittel nennen; sie beweist jedenfalls ihren Inhalt.

Der Haupteid aber kann eine wirklich befriedigende Erklärung im System des Civilprozesses nur dadurch erhalten, daß man ihn — wie das jusjurandum in jure und wie den germanischen Rechtseid — auffaßt als Selbstentscheidung durch die Partei. Auch der in judicio geschworene Haupteid im Formularprozeß unterschied sich durchaus nicht in kardinaler Weise von dem jusjurandum in jure. Der Unterschied war doch wohl nicht der jetzt hineingetragene, daß letzterer Rechtseid und Anspruchseid sei, der erstere aber bloßes Beweismittel, sondern der Unterschied liegt darin, daß bei Leistung des jusjurandum in jure vor dem Prätor, wo die litis contestatio noch nicht vorlag, die Möglichkeit der direkten Selbstentscheidung des ganzen Rechtsstreits durch die Parteien noch vorlag, während für das judicium der unanfechtbare, mit Gesetzeskraft ausgestattete Befehl der formula den judex zur Erlassung der sententia angewiesen hatte. Es ist hier jedenfalls von Interesse hervorzuheben, daß das jusjurandum in jure auch keineswegs stets Rechtseid, Anspruchseid war, vielmehr auch über die dem Anspruch oder dessen Erledigung zu Grunde liegenden Thatsachen geschworen wurde. In diesen Fällen haben wir es also mit einer modernen Eideszuschiebung zu thun, die die gleiche Wirkung hatte, wie der eigentliche Rechtseid; ein judicium war nicht mehr nötig oder möglich, das jusjurandum in factum conceptum ersetzte vollkommen die formula in factum concepta.

Vergl. Puchta, Instit. II § 173 Note g, ferner Wetzell, Civilproceß § 27 Note 16. 17.

Die neuere Theorie erkennt im Grunde jetzt auch an, daß die Selbstthätigkeit der Parteien, deren Selbstentscheidung das juristische Wesen des Haupteides ausmache. Bei den Beratungen der Reichstagskommission zur RCPO. hat man freilich von der richtigen Auffassung sich noch nicht leiten lassen. Man präcisierte die Frage, was der Haupteid sei, auf den Gegensatz: Beweismittel oder Vergleich. Die Bezeichnung des Haupteides als eines Vergleichs (somit eines Zwangsvergleichs) trifft aber den innern Kern des Instituts nicht, wie das bereits weiter oben ausgeführt wurde. Derjenige, der den Eid zuschiebt überträgt vielmehr die Entscheidung des Rechtsstreits dem Ausspruch des Gegners. Das Gesetz legt diesem im Interesse der Herstellung des Rechtsfriedens die Verbindlichkeit auf, eine Gegenerklärung über des Andern Behauptung abzugeben und dieselbe eidlich zu erhärten. Erfüllt er diese Pflicht, so ist damit durch des Zuschiebenden ureignen Willensakt der Streit oder Streitpunkt für den Staat und die Parteien erledigt. Verweigert er die Erfüllung dieser ihm angesonnenen Verteidigung, so ist nach den früher entwickelten Grundsätzen des Klägers Angriff unwidersprochen und rechtskräftig. Der Delat darf natürlich — wenn er die Selbstentscheidung des Prozesses durch Parteienthätigkeit nicht zugeben will — die richterliche Kognition anrufen, dann muß er aber dem Gericht Beweise, wirkliche, nicht bloß formale, Beweise (Zeugen, Urkunden) vorlegen; die Gewissensvertretung ist also Anrufung des Gerichts, statt Parteien-Selbstaustragung. Will Delat richterliche Kognition nicht haben, auch **sein** eignes Wort in Eidesform nicht als Entscheidung des Streits feierlich verkünden, so räumt ihm natürlich das Gesetz das gleiche Recht ein, wie dem Gegner, die Entscheidung nunmehr dessen eidlichem Wort zu unterstellen.

Dieses richtige Fundament des Instituts der Eideszuschiebung scheint von der neuern Theorie adoptiert zu werden; vergl. Planck II S. 293; im Grunde sei es der Verzichtswille, der dem Eide seine den Richter bindende Kraft verleihe. Jedoch kann man, und der RCPO. gegenüber ist das wohl auch nicht möglich, da sie den Eid noch als Beweismittel gelten läßt, von der falschen Theorie nicht loskommen.

Es ist hier nun nicht der Platz, weitere Konsequenzen der einen oder andern Theorie zu verfolgen, beispielsweise die Frage, ob der Haupteid in eine eidliche Befragung der Parteien verwandelt werden darf (was für ihn — nicht aber für den Noteid — verneint werden muß); für unsere Untersuchung steht nur in Frage, ob der Haupteid nicht wegen seiner Natur als Parteien-Entscheidungsmittel schon vor Eröffnung des eigentlichen gerichtlichen Rechtsstreits, nach dem Vorbilde des römischen jusjurandum in jure und des französischen Verfahrens vor dem Friedensgericht, mit Erfolg verwertet werden könnte. Die bejahende Antwort versteht sich eigentlich von selber, sobald man willens ist, das vom gemeinen Prozeß zu Gunsten des richterlichen Rechtsstreits ausgerottete Princip der Selbstaustragung der Prozesse durch die Parteien wieder in seine Geltung zu bringen.

Freilich, was das französische Vorbild anbetrifft, so liegen für außerrichterliche Erledigung des Prozesses durch Eid in Frankreich die Verhältnisse deswegen äußerst günstig, weil dort bekanntlich in Civilsachen die Zulassung von Zeugen sehr beschränkt ist, die Eidesleistung also neben der Urkunde eine souveräne Bedeutung hat. Immerhin ist auch im deutschen Verfahren für den Parteieneid in einem dem gerichtlichen Streit vorausgehenden Prozeßvorstadium erheblicher Spielraum geblieben, da es viele Fälle giebt, deren Entscheidung mangels Urkunden und Zeugen lediglich vom Parteieneide abhängt. Sind nun aber die Parteien darüber einig, warum dann denselben die Befugnis entziehen, den Streit sofort ohne richterliche Kognition und ohne Urteil durch die eidliche Selbstentscheidung zum Austrag zu bringen?! Man wird vielleicht, als auf ein bereits vorhandenes das Bedürfnis beseitigendes Mittel, auf die dankenswerte Einrichtung des § 426 PO. hinweisen. Hier ist ja eigentlich der von mir vertretene Gedanke, allerdings nur embryonal, ausgedrückt. Aber warum denn dessen Ausführung auf den Zeitpunkt verschieben, in dem der

Rechtsstreit bereits in voller Blüte steht? Muß denn unbedingt und ausnahmslos erst ein kostbares Weihrauchopfer dem Moloch Mündlichkeit gebracht werden, ehe man an das praktische Tagewerk herantritt? Müssen unbedingt, ehe man auf einfachste Weise einen Streit entscheiden läßt, die Staatskasse und die Taschen der Rechtsanwälte mit Sporteln und Bauschgebühren gefüllt werden?!

Das Mündlichkeitsprincip kann nicht entgegenstehen, wo es nicht gilt einen Rechtsstreit durch ein Kollegium kognoszieren und entscheiden zu lassen, wo die Parteien vielmehr womöglich ohne Richterspruch ihre Kontroverse ausfechten wollen und zwar mit Mitteln, die ihnen nicht erst auf Bitte oder Antrag das Gericht zu gewähren hat, auf die sie vielmehr dem Gesetz gegenüber, das ihnen gewaltsame Selbsthilfe untersagt, einen selbstverständlichen Anspruch haben. Das Princip der Mündlichkeit ist auch nicht der bloßen architektonischen Schönheit wegen, sondern der Nützlichkeit halber gegeben. Man räume also den Parteien die Möglichkeit zur Selbstentscheidung ihrer Controversen ein, ohne ihnen zuzumuten, vorher mit Assistenz zweier Rechtsgelehrten vor drei weiteren Rechtsverständigen eine Komödie aufführen zu lassen.

In kollegialgerichtlichen Fällen bietet sich die Möglichkeit dazu in dem von mir verlangten Vorverfahren vor dem Gerichtsdeputierten. Die sofortige Eideszuschiebung, Erklärung darüber, Eidesleistung hat nicht das mindeste Bedenken, wenn beide Teile über Erheblichkeit und Norm einverstanden sind und der Deputierte auch seinerseits ein Veto einzulegen sich nicht veranlaßt sieht. Es kann — wie nach § 426 PO. — durch Dekret des Deputierten unbedenklich die sofortige Eidesleistung angeordnet werden, und das zwar nicht bloß für Punkte, die sofort den ganzen Prozeß aus der Welt schaffen, sondern auch da, wo die Entscheidung über einzelne selbständige Angriffs- und Verteidigungsmittel von der Leistung eines Eides abhängt. Im ersten Falle wird wohl höchstens nur noch wegen der Kosten die Sache an das Kollegialgericht zu gelangen haben (wofür indessen mündliches Verfahren nur auf Antrag nötig wäre), im andern Falle kommt wenigstens die Sache in wesentlich vereinfachter Gestalt in die öffentliche Sitzung des Kollegiums.

Inwiefern nun aber auch ohne Übereinstimmung beider Teile (§ 426 PO.) auf einseitigen Antrag etwa der Deputierte die Erklärung des Delaten über Eidesannahme sowie Eidesabnahme soll anordnen dürfen, das zu untersuchen würde bei dieser Arbeit zu weit führen. Jedenfalls müßte im Urkunden- und Wechsel-Prozeß, wo das Gesetz selber den Beklagten auf Urkunden und Eideszuschiebung beschränkt, der Deputierte sowohl berechtigt als verpflichtet sein, sofortigen Beweisbeschluß auf Eidesleistung zu erlassen und den Eid sofort abzunehmen, eventuell die Weigerung zu konstatieren. Nur wenn der Beklagte es verlangt, wäre dann zur Erlangung einer condemnatio noch die Anrufung des Kollegiums nötig; einer mündlichen Verhandlung darüber aber bedürfte es nur, wenn darauf ein besonderer Antrag gestellt würde; andernfalls wird Urteil auch auf Grund des Akteninhalts und auf Referat des Deputierten vom Kollegium erlassen werden können. Wenn jedoch Beklagter, nach Erledigung der Eidesauflage, in der Auffassung, daß im Urkundenprozesse nichts mehr zu machen ist, und um sich Kosten zu ersparen, die Entscheidung des Kollegiums nicht mehr verlangt, so ist nicht einzusehen, warum man nicht dann den Deputierten berechtigen soll, die condemnatio — etwa mit Vorbehalt der bekl. Rechte — durch Dekret auszusprechen. Dabei braucht wohl kaum hervorgehoben zu werden, daß selbstverständlich der Deputierte — wenn er Bedenken gegen die Zulässigkeit der Prozeßart oder die Schlüssigkeit des Anspruchs hätte — die kollegialgerichtliche Verhandlung und Entscheidung in einer der nächsten Sitzungen ex officio zu veranlassen hätte.

B. Die Instruktion und Vorbereitung des landgerichtlichen Prozesses im Vorverfahren vor dem Gerichtsdeputierten.

Nach den bisherigen Ausführungen über die Einführung eines dem eigentlichen Gerichtsverfahren in landgerichtlichen Sachen vorausgehenden Vorverfahrens, in dem die Parteien womöglich ihre Sache selber erledigen, erscheint die Klage nicht unbedingt als derjenige Kampfakt im Prozeß, der den Rechtsstreit an das urteilende Gericht zu ziehen bestimmt ist. Wenn es sich bloß darum handelte, jenes Selbstaustragungsverfahren herbeizuführen, so würde es genügen, wenn die Partei mit summarischer Bezeichnung ihres Anspruchs, unter etwaiger Angabe ihrer Urkunden und sonstigen Beweismittel den Gegner zur Ausgleichung des Streits vor den Gerichtsdeputierten ladet, ohne daß grade auch ein Klagbegehren um richterliches Urteil nötig wäre. Es müßte nur in der Vorladung Sorge getragen werden, daß Beklagter sich dessen bewußt werde, welche Bedeutung der Termin vor dem Gerichtsdeputierten (mit Bezug auf contumacia ect.) habe.

Es empfiehlt sich jedoch hier kein verschleppendes Reihenfolgeprincip, sondern — ähnlich wie in dem Mahnverfahren in amtsgerichtlichen Fällen bei erfolgtem Widerspruch des

Beklagten die Betreibung sofort in den eigentlichen Rechtsstreit ohne Unterbrechung übergeleitet wird — müßte dafür gesorgt werden, daß im Fall des Mißlingens der Parteien-Selbsterledigung der Prozeß sofort seinen auf die richterliche Entscheidung gerichteten Lauf weiternimmt. Wenn es daher auch der Partei gestattet sein muß (zumal wenn sie ohne Anwalt auftreten will), im Sühne- und Selbstaustragungsverfahren ihre Sache direkt, ohne eventuelles Jurisdiktionsbegehren, an den Gerichtsdeputierten zu bringen (damit sie beispielsweise das zu erwartende Kontumacialurteil erhält); so wird doch die Möglichkeit, in zahlreichen Fällen die Wahrscheinlichkeit oder Gewißheit, daß gerichtliche Entscheidung doch notwendig werden wird, diejenige Gestaltung des Verfahrens empfehlen, daß mit Beibehaltung der jetzigen Klagschrift in erster Reihe die Ladung vor den Gerichtsdeputierten erfolgt, sodann aber auch fürsorglich, falls vor diesem die Sache nicht erledigt werden sollte, Aburteilung desfalls durch das Landgericht begehrt wird.

Die in dem anliegenden Aufsatze (S. 111 ff.) geforderte Reform des landgerichtlichen Verfahrens durch Einführung eines der mündlichen Verhandlung vorausgehenden Instruktions- und Vorbereitungsverfahrens vor dem Deputierten des Landgerichts schließt sich ja auch organisch und eng an das vorhin geschilderte Ausgleichungs- und Selbstthätigungsverfahren vor diesem Deputierten an.

Der Deputierte soll nach den Vorschlägen des anliegenden Aufsatzes die gerichtliche Austragung der Sache vor dem Kollegium vereinfachen, abkürzen, vorbereiten. Und da steht nun freilich unser Reformvorschlag im scharfen und einschneidenden Widerspruch mit dem heilig gesprochenen Grundsatze der Mündlichkeit und dem unantastbaren Reihenfolgeprincip unseres jetzigen Prozeßgesetzes. Dagegen ist der Reformplan durchaus vereinbar mit der Verhandlungsmaxime.

Was die beiden erstgenannten Principien angeht, so muß immer wieder betont werden, daß sie keinen absoluten Wert haben, sondern nur soweit Anerkennung verdienen können, als sie dem Zweck einer gerechten und schnellen Prozeßerledigung nützlich sind. Das starre Festhalten an diesen Principien macht das landgerichtliche Verfahren zu einer schwerfälligen Maschinerie und erklärt den nicht selten schon geäußerten Wunsch nach Beseitigung des Kollegialgerichts für die erste Instanz, eventuell nach Erweiterung der Zuständigkeit des Einzelrichters.

Das Reihenfolgeprincip (Princip der Gliederung) hat zwar bis zu einem gewissen Grade seine Berechtigung. Die historische Entwicklung aber dieses Princips von der Gliederung des Verfahrens in streng von einander getrennte Abschnitte bis zur RCPO., in der die Beweisantretung mit den Parteibehauptungen verbunden ist, und ein Zurückgreifen auf das Behauptungsstadium selbst im Beweiserhebungsstadium noch zuläßig ist, giebt das Recht zu der weitern Frage, ob denn nicht auch die Stellung der Beweiserhebung — wenn das zum Vorteil des Verfahrens dient — verrückt werden darf.

Ausnahmsweise geschieht dies ja schon im Verfahren zur Sicherung des Beweises, und im § 450 RCPO. ist sogar das schreckliche Princip des Konventionalprozesses bereits zur Geltung gekommen. Als eine Ausnahme vom Reihenfolgeprincip ist es auch zu betrachten, daß die RCPO. nach französischem Vorbilde eine Klage auf Anerkennung einer Urkunde und Feststellung der Echtheit oder Unechtheit derselben zuläßt. Ist somit das Princip aus Zweckmäßigkeitsgründen einmal durchbrochen, so kann es auch nur eine Frage der Zweckmäßigkeit, nicht aber ein aus Vorliebe für das Princip der Gliederung oder für geschichtliche Kontinuität zu lösendes Problem sein, ob nicht — wie im Strafprozeß — auch im Civilprozeß womöglich schon vor der mündlichen Hauptverhandlung alles Beweismaterial an Ort und Stelle zu schaffen sei. Freilich werden im Strafprozeß die vorher vernommenen Zeugen wieder vor dem urteilenden Gerichte vernommen, es wird also das Princip gewahrt, daß das Gericht die Beweisquellen aus erster Hand unmittelbar genießt. Es wäre vielleicht wünschenswert, es gelänge ohne großen Zeitverlust, dieses Verfahren im Civilverfahren in der Weise nachzuahmen, daß — nach kurzem Instruktionsverfahren — die Beweise bereits im ersten Termin vor dem Kollegialgericht sofort erhoben und daraufhin Urteil erlassen würde. Jedoch läßt dies die bis jetzt gemachte Erfahrung als frommen Wunsch erscheinen.

Das Princip der Unmittelbarkeit hat im Civilprozeß schon theoretisch in der Gesetzgebung keineswegs die gleiche Bedeutung erlangt, wie im Strafprozeß. Es fällt auch nicht zusammen mit dem von der Gesetzgebung so liebevoll bedachten Princip der Mündlichkeit (vergl. Planck I S. 180, 181). Letzteres erfordert beispielsweise nicht, daß die Zeugen vor dem urteilenden Gerichte deponieren; es genügt dem Mündlichkeitsprincip, daß mündlich im Haupttermin vorgetragen wird, was zu den Akten an Beweismaterial gebracht wurde. (§ 258 RCPO.)

Hat nun schon die RCPO., welche im § 320 (siehe

Motive) doch immerhin die Beweisaufnahme vor dem Prozeßgericht als Regel vorschreibt, die Erhebung der Beweise durch Gerichtsdeputierte und Amtsgerichte ausnahmsweise gestattet; so hat die Praxis sich auf den gegenteiligen Standpunkt gestellt und die Unmittelbarkeit der Beweiserhebung vor dem erkennenden Landgericht zur seltenen Ausnahme gestempelt (im Großherzogtum Baden ganz allgemein). Ein außerordentlich wichtiger Grundsatz ist durch die Praxis einfach aus der Welt geschafft worden, wie das freilich trotz der etwas pompösen Gegenversicherungen (Thilo: Man dürfe sich nicht durch übergroßes Mißtrauen gegen die Richter leiten lassen) vom Abgeordneten Dr. Bähr bei der Revision der II. Lesung als etwas, wofür er von vornherein garantiere, vorausprophezeit worden ist. (Vergl. Hahn, Materialien II S. 1117.) Bähr hat hier übrigens auch mit eindringlichen Worten auf die Nachteile der Vornahme größerer Zeugeneinvernahmen bei dem erkennenden Kollegialgerichte hingewiesen, Nachteile, die von jedem erfahrenen Praktiker bestätigt werden müssen.

Es kann hiernach nur zur Förderung der Rechtspflege dienen, wenn man das Reihenfolgeprincip zugleich mit dem der Unmittelbarkeit hier aufgiebt und die Beweise möglichst schnell, solange sie auch noch frisch und zuverlässig sind, aktenmäßig macht. Dies zu thun, dazu ist nach Maßgabe der bisherigen Ausführungen und des anliegenden Aufsatzes der Gerichtsdeputierte berufen, der im Vorverfahren außer seiner Mitwirkung bei dem Selbsterledigungsverfahren der Parteien die mündliche Verhandlung des Rechtsstreits vor dem Kollegium zusammen mit den Rechtsanwälten vorzubereiten hat.

Wenn der Deputierte bei dieser seiner Thätigkeit natürlich auch an das Verhandlungsprincip gebunden ist, somit keine andern Beweise erheben darf als die angebotenen, so ist doch, was die Zeit der Erhebung, die Reihenfolge der Prozeßhandlungen, anbetrifft, der Deputierte hierbei keineswegs notwendigerweise an den Willen und die Zustimmung der Parteien gebunden; er wird sich also nicht darauf einzulassen brauchen, wenn die Rechtsanwälte die Sache vor der Beweiserhebung erst zu plaidieren wünschen. Die Parteien, wenn sie sich unfähig erwiesen haben, ihren Prozeß selbst auszutragen, wenn sie dazu die richterliche Entscheidung brauchen, müssen sich hinsichtlich der Art, wie und wann das angebotene Material vom Gericht erhoben wird, dessen Ermessen unterwerfen. Zu einer Ablehnung eines gemeinschaftlichen Antrags der Parteien auf sofortige Beweiserhebung wird freilich der Deputierte seinerseits nicht berechtigt sein dürfen. Selbstverständlich ist es auch, daß — sei es auf Antrag der Parteien, sei es auf Anordnung des Gerichts — eine nochmalige Zeugen- und Sachverständigeneinvernahme vor dem Kollegium, sowie Erlassung weiterer Beweisverfügung durch dasselbe nach gepflogener mündlicher Verhandlung stattfinden kann, wenn das Bedürfnis das erheischt.

Ebensowenig nun aber, wie das Reihenfolgeprincip der im anliegenden Aufsatz vorgeschlagenen Reform im Wege steht, kann das der Mündlichkeit ein Hindernis dafür sein. Auch dies so sakrosankte Princip hat die RCPO. selber, der Not gehorchend, nicht dem innern Drange, in der Zulassung des vorbereitenden Verfahrens in Rechnungssachen, Auseinandersetzungen und ähnlichen Prozessen (§ 313 ff. PO.) bereits durchbrochen; es gilt nur diese Bresche zu erweitern.

Die Anordnung dieses vorbereitenden Verfahrens ist leider unnötigerweise eingeengt durch die Vorschrift, daß es nur vom Prozeßgericht im Verhandlungstermin angeordnet werden kann. Man hat bei dieser Einengung die Absicht verfolgt, etwaige prozeßhindernde Einreden im Termin vor Einleitung des kommissarischen Verfahrens abzumachen, etwaige Anerkenntnisse, Verzichte, Vergleiche zu fixieren, sowie Legitimationspunkte, Incidentpunkte aller Art zu erledigen (Motive). In Wahrheit aber liegt wohl der Grund der Einengung darin, daß man dem Mündlichkeitsprincip, ehe man von ihm abweicht, wenigstens den Zoll der Verehrung abzustatten sich verpflichtet erachtete. Daß aber mit dieser Verschiebung kostbare Zeit verloren geht unnötige Kosten und unnötige Belästigung des Gerichts und der Rechtsanwälte damit verbunden sind, was kümmert das die principienstrenge Theorie, die ihre formale Befriedigung verlangt, wenn es auch Opfer kostet! Aus dem gleichen Grunde, dem der Anbetung des Mündlichkeitsprincips, wird auch statuiert, daß der Inhalt des in den genannten Sachen oft sehr umfangreichen und detaillierten Protokolls von den Rechtsanwälten im Termin nochmals frei vorzutragen ist (§ 318 PO.), eine Vorschrift, die angesichts des Verbots, vom Inhalt des Protokolls überhaupt noch abzuweichen (§ 319), einem Nichtanbeter des Mündlichkeitsprincips unverständlich, ja lächerlich erscheinen muß. Selbst da, wo sich nach übereinstimmender Ansicht der Rechtsanwälte und des Gerichtshofs selber zur bessern Orientierung des letztern langsames Vorlesen des Protokolls durch den Gerichtsschreiber oder Referat des Kommissärs empföhle, darf doch, da die Prozeßordnung jeden Schein des Konventionalprozesses verabscheut, nicht an der granitnen

Säule des Verfahrens, an der Mündlichkeit, gerüttelt werden. Bei dieser Principienidolatrie kann es denn auch nicht mehr Verwunderung erregen, daß der § 313 PO. nicht zu der grade in solchen Sachen praktisch höchst wünschenswerten Schriftlichkeit des Verfahrens übergegangen ist, sodaß daß Gericht (sei es ex officio, sei es auf Parteienantrag) einfach auf Grund des Akteninhalts Urteil oder Beweisbeschluß zu erlassen berechtigt wäre.

Wenn nun im anliegenden Aufsatze für sämtliche Prozesse ein dem § 313 PO. entsprechendes Verfahren alsbald nach Klageinreichung gefordert wird, so darf verständigerweise die Entscheidung dafür oder dagegen nicht von der größern oder geringern Ehrfurcht vor dem Mündlichkeitsprincip diktiert werden, sondern allein die Zweckmäßigkeit kann hier entscheiden. Diese spricht aber entschieden für den gemachten Reformvorschlag. Die Einrichtung des § 313 PO. hat ihre Begründung gefunden in der Einsicht, daß vor dem Kollegialgericht Sachen der betreffenden Art mündlich nicht verständlich vorgetragen werden können. Im anliegenden Aufsatz wird im Gegensatz zu dieser Unmöglichkeit einer geordneten und ersprießlichen mündlichen Verhandlung auch das weitere gefordert, daß für diejenigen Sachen und Streitfragen, die das Spiel des großen landgerichtlichen Apparats nicht bedürfen, dasselbe nicht unnötigerweise in Bewegung gesetzt werden soll. Wenn Simon Mayer ein Darleihen von 1000 Mark gegen Gottlieb Müßig, oder Moses Sulzberger gegen Zyriak Kopflos für eine „fehlerfreie" Kuh 800 Mark einklagt, der eine Beklagte nur mit Berufung auf zwei Zeugen Zahlung, der andere nur unter Eideszuschiebung Stundung vorschützt, warum mit dieser Sache noch zwei

Rechtsanwälte und drei Richter, dazu noch einen Sekretarius, belästigen? Beide Teile (vielleicht nicht immer der fristbegierige Beklagte) werden sich freuen, wenn vor dem Gerichtsdeputierten innerhalb der jetzt als kürzeste, normale Einlassungsfrist gesetzten vier Wochen, nach deren Ablauf der obige verwickelte Sachverhalt bei jetziger Sachlage erst dramatisch in öffentlicher Sitzung zu verhandeln wäre, bereits das Zeugenverhör stattgefunden, der über die Frist zugeschobene Eid geschworen, die Sache also bereits mit geringen Kosten erledigt oder zum mindesten spruchreif gemacht würde. Wenn in einer Ehescheidungsklage für eine Anzahl nach Zeit und Ort artikulierter Schmähungen und sonstiger ehelicher Liebkosungen je eine Anzahl von Zeugen und Gegenzeugen angerufen und zu verhören sind, wozu dann noch die Komödie, daß in allen Tönen der Entrüstung, des Mitleids, der Verachtung u. s. w. zwei Rechtsanwälte den Akteninhalt eine Stunde lang breit schlagen? Ohne abzutreten, in Wahrheit also ohne kollegiale Beratung, verkündet das Gericht dann den regelmäßig schon vor der mündlichen Verhandlung präparierten Beweisbeschluß; es wird der nächste Fall aufgerufen, wo vielleicht das gleiche Spiel mutatis mutandis sich wiederholt.

Man berichtet ja allerdings auch von manchen Vorsitzenden, daß sie — den Widersinn einer *solchen* Mündlichkeit begreifend — die Vorträge der Rechtsanwälte mehr zu kurzen Erklärungen auf Fragen, die sich an die vorbereitenden Schriften anschließen, zu reduzieren bemüht sind. In der That liegt darin auch — bei vielbelasteten Civilkammern — die einzige Möglichkeit der Bewältigung großer Tagesordnungen. Ein solches Verfahren muß — wenn die Rechtsanwälte es zugeben, — als ein sehr zweckmäßiges bei gegenwärtiger Lage der Prozeßeinrichtung angesehen werden. Es ist dieses Verfahren aber nur dadurch ermöglicht worden, daß die RCPO., im Gegensatz zu dem französischen Verfahren, die vorbereitenden Schriftsätze in Abschriften dem Landgericht zugehen läßt. Damit haben die Gesetzgeber denn in der That selber den Strick gedreht, an dem in der Praxis das Princip der Mündlichkeit nach den dringenden Geboten der Praxis einfach erdrosselt wird.

Es hilft hier keine schönfärbende Vertuschung. Das Princip der Mündlichkeit-Unmittelbarkeit, wie die Prozeßgesetzgeber es sich gedacht und ausgezirkelt hatten, ist an der der Theorie gegenüber etwas dickköpfigen Praxis zu Schanden geworden. „Leicht bei einander wohnen die Gedanken, doch hart im Raume stoßen sich die Sachen."

Ein wirkliches Heilmittel kann mit einem Schlage die Mängel des kollegialgerichtlichen Verfahrens (unnötigen Zwang zum Prozessieren, Verschleppung der Sachen, Überlastung der Landgerichte, Übereilung u. s. w.) beseitigen oder mindestens mildern. Der Respizient muß aus der jetzigen unverantwortlichen, verborgenen, aber doch höchst einflußreichen, ja häufig entscheidenden Stellung zum Prozeß herausgehoben werden zu einer Stellung, wo er — wie der römische Prätor — in erster Reihe die Selbsterledigung des Rechtshandels durch die Parteien (sei es des ganzen Streits, sei es einzelner Streitpunkte) herbeiführt, wo er sodann zweitens die ebenso wichtige Aufgabe (wie der römische Prätor) zu erfüllen hat vor der mündlichen Verhandlung vor dem Prozeßgericht den Rechtsstreit durch zweckmäßige Verfügungen zu vereinfachen und jene Verhandlung, soweit es irgend möglich ist, so weit vorzubereiten, daß das Gericht sofort Urteil erlassen kann.

Es kann nun nicht die Aufgabe der gegenwärtigen Arbeit sein, hier schon in allen Einzelheiten das vor dem Gerichtsdeputierten sich abspielende Verfahren auszugestalten. Der Zweck derselben ist nur die Anregung des zu lösenden Problems und die Aufweisung eines Weges zur Lösung im Grundriß. Die Ausarbeitung des Weges, die Verteidigung desselben gegen die zweifellos hereinbrechenden Angriffe, sowohl gewichtige Flutwellen gelehrter Theoretiker und erprobter Praktiker, wie auch gegen den Flugsand verdorrter Systematik und bequemer Handwerksroutine muß späterm Kampf und etwaiger Wiederkehr der jetzigen, dieser vorläufigen Arbeit gewidmeten Mußezeit vorbehalten bleiben.

Nur einzelne wenige Fragen gilt es noch zu erörtern. Zunächst die Frage, wie sich der aufgestellte Reformplan zur Verhandlungsmaxime stelle. Mit Recht ist schon in der am Schluß des Aufsatzes (u. S. 111 ff.) von dem hochverehrten Herrn Redakteur der badischen Gerichtsannalen beigefügten Kritik bemerkt worden, daß diese Maxime dem Reformplan nicht entgegenstehe.

Warum der Gerichtshof sich bis zur mündlichen Verhandlung eigentlich um den ganzen Rechtsstreit nicht soll kümmern dürfen, das ist dem praktischen Sinn in der That vollständig unfaßbar. Verständlich und sehr zweckmäßig ist es freilich, daß — so lange die Parteien noch nicht bestimmt entschlossen oder genötigt sind auf ein Richterurteil zu provozieren — das Gericht als solches sich noch nicht einmischt. Hier genügt es vollkommen den Parteien, die nicht mehr in Waffen miteinander kämpfen dürfen, die obrigkeitliche Mitwirkung zu gewähren zur versuchsweisen Selbstaustragung des Prozesses, sei es in der Art der französischen Einrichtung oder sei es in der Art der in dieser Arbeit vorgeschlagenen Prätorthätigkeit des Gerichtsdeputierten.

Ist aber einmal der Krieg förmlich erklärt, ist das Gericht zur Aburteilung definitiv angerufen, so ist auch kein Grund mehr vorhanden Zeit zu verlieren. Mit der Verhandlungsmaxime steht es nicht im Widerspruch, daß die Parteien, statt lediglich Schriften zu wechseln, jetzt vor dem Gerichtsdeputierten unter dessen Mitwirkung den status controversiae baldmöglichst festzustellen haben.

Dem Verhandlungsprincip würde nur diejenige Form des Instruktionsverfahrens widersprechen, wie sie (vergl. Planck I S. 179) statt des früheren Untersuchungsverfahrens im preußischen Prozeßrecht seit 1833 und 1846 eingeführt wurde, wonach nicht den Parteien das Referat über die zuvor vor dem Gerichtsdeputierten stattgehabte schriftliche Fixierung des Streitstoffs in der mündlichen Sitzung zusteht, sondern dem Deputierten. Und auch das würde nur dann eine Abweichung vom Verhandlungsprincip sein, wenn die Parteien nicht selber den Vortrag des Referenten wünschen, sondern ihn sich gefallen lassen müssen. Es widerspricht jedoch die preußische Einrichtung des Instruktionsvorverfahrens durch den Ausschluß der Befugnis, in mündlicher Sitzung neue Thatsachen vorzutragen, dem Princip der Einheitlichkeit des ganzen Prozesses, an welchem Princip diesseits (mit den gegen Verschleppungen zu treffenden Vorbeugungsmaßregeln) ohne Not nicht gerüttelt werden soll.

Dem Verhandlungsprincip würde es ferner wohl einigermaßen widersprechen, wenn das Fragerecht nach französischem Vorbilde erweitert nnd wirksamer gestaltet werden sollte.

Es wäre jedoch wohl immerhin zu unterscheiden zwischen dem Fragerecht der Partei und dem des Richters. Das Fragerecht der Partei gegenüber der Gegenpartei, welches auch das englische am Verhandlungsprincip sonst doch streng festhaltende Prozeßrecht kennt (discovery by interrogatories), erscheint doch nicht als Abweichung vom Verhandlungsprincip. Der Fall liegt vielmehr so, daß das Gesetz das Rechtsverhältnis, in das die Parteien zum Zwecke friedlicher Erledigung ihres Rechtshandels vom Staat versetzt werden müssen, durch eine weitere Kampfsatzung bereichert. Der Richter, der die Fragebeantwortung verfügt, ordnet lediglich im Auftrag der Partei durch Dekret dieses Kampfmittel an, und vollzieht es für jene durch Vernehmung der Gegenpartei. Wenn letztere das Kampfmittel des Gegners ignoriert, nicht antworten will, so muß sie nach allgemeinen Regeln den Kampfakt gegen sich als gelungen gelten lassen.

Die Antwort, die eine Partei hier von der andern verlangt, ist zunächst also nicht für das Gericht bestimmt. Wenn aber das Gericht von sich aus das Fragerecht mit Zwang zur Antwort ausüben will, dann liegt in der That eine wirkliche Ausnahme vom Verhandlungsprincip vor. In der RCPO. ist bekanntlich die Nichtbeantwortung der vom Gericht gestellten Fragen (die Partei selber hat ein Fragerecht nicht) nicht mit einem Präjudiz bedroht. Es tritt im Fall des Nichterscheinens der persönlich vorgeladenen Partei und im Fall der Antwortsweigerung — wenn nicht schon abgesehen davon nach Maßgabe der allgemeinen Antwortepflicht die Fiktion des Zugeständnisses wegen Nichtbeantwortung gegnerischer rechtserheblicher Behauptungen mit dem Schweigen verbunden ist, § 129 PO. — ein besonderer Nachteil nicht ein, außer dem, daß das Gericht nachteilige Schlüsse nach Maßgabe der freien Beweiswürdigungs-Theorie (§ 259 PO.) ziehen darf. Auch im Fall des § 129 bei Verletzung der allgemeinen Antwortepflicht tritt zudem die Fiktion des Zugeständnisses nicht sofort und nicht unbedingt ein (Planck I S. 324), wie das bei der Zwangspflicht zur Beantwortung specieller Fragen ja sein müßte.

Bei Erörterung der Frage nun, ob sich die Erweiterung der Officialthätigkeit durch erweiterte Ausgestaltung des richterlichen Fragerechts empfehlen möchte, drängt sich überhaupt die allgemeine Frage der Prüfung auf, ob denn nicht zum Nachteil der Rechtssprechung der Richter eine zu große Einbuße in seinem nobile officium dadurch erlitten hat, daß ihm die Gleichgültigkeit gegen die Parteien und deren Verhalten bei Ausübung ihrer Prozeßbefugnisse gewissermaßen zur Pflicht gemacht wird. Es ist ja anerkannt (vergl. Planck), daß mit dem freien Walten der Verhandlungsmaxime eine erhebliche Gefahr dahin gegeben ist, daß Nachlässigkeit und Unbeholfenheit der Parteien den richtigen Gebrauch der Parteirechte und damit auch die Herstellung des materiellen Rechts wesentlich erschweren.

Man meint nun zwar durch den Anwaltszwang geholfen zu haben. Indessen diese Hilfe ist eine für den Unbemittelten (der nicht grade wegen Armut die Zulassung zum Armenrecht anrufen kann) so schwere Belastung, daß sie nicht ungebührlich da, wo mit amtlicher Unterstützung die Partei sehr wohl selber den Weg durch den Irrgarten Prozeß finden könnte, dem sowieso schwer belasteten kleinen Mann (Landwirt, Handwerker ꝛc.) zugemutet werden darf.

Bei dem amtsgerichtlichen Verfahren hat das Gesetz von dem ganz gesunden Gedanken, daß der richterliche

Beamte nicht bloß zum Richten, sondern auch zur Hilfe für den Schwachen da sei (hierfür ist zweifelsohne auch der römische Prätor äußerst kräftig aufgetreten), im § 464 PO. eine etwas stark verwässerte Anwendung gemacht. Dem Richter ist da aufgegeben dahin zu wirken, daß die Parteien über alle erheblichen Thatsachen sich vollständig erklären und die sachdienlichen Anträge stellen. Damit ist (vergl. Seuffert) eine Art von Verbeistandung der Parteien durch den Richter eingeführt.

Im kollegialgerichtlichen Verfahren herrscht dagegen vorwiegend das Princip, den Richter zum bloßen Erteiler des Rechtsspruchs zu stempeln. Wenn dies auch nicht in der Schärfe, wie im kollegialgerichtlichen Verfahren des französischen Prozeßrechts, geschehen ist, welches ja zur Milderung dieser Schärfe das Vorverfahren vor dem Friedensgerichte vorgeschrieben hat, so sind doch die Modifikationen jenes Princips in der RCPO. keineswegs von dem Gedanken geleitet, daß das Gericht auch dem Schutz und der Unterstützung der Parteien zu dienen habe. Die Abweichungen, welche die Prozeßordnung von dem Grundsatz „der Reinheit des Richteramts“ eingeführt hat, beziehen sich im wesentlichen nur darauf, daß der Prozeßbetrieb durch Mitwirkung des Gerichts und der Gerichtsschreiberei erleichtert und gefördert werden soll. Der Gedanke aber, daß der Richter auch Prätor sein soll, wird im landgerichtlichen Verfahren perhorresziert.

Wenn man sich zur Wiederbelebung dieses Gedankens nach Maßgabe der Vorschläge des Verfassers entschließen sollte, so würde es naturgemäß auch Sache des Deputierten im kollegialgerichtlichen Vorverfahren sein, in ausgedehnterer Weise, als es der § 464 PO. für das amtsgerichtliche Verfahren zuläßt, die Parteienthätigkeit bei Feststellung des status controversiae, bei Bezeichnung der Beweismittel, Formulierung der Anträge zu fördern, alles dies selbstredend in einer beide Teile, freilich den Schwachen mehr als den Starken, berücksichtigenden Weise.

Die Beschränkung des Richters auf das Rechtsprechen führt selbst bei anwaltschaftlicher Vertretung nur zu häufig zu schweren Nachteilen für das Parteiinteresse und das materielle Recht. Abgesehen von der Ungeschicklichkeit oder Nachlässigkeit des Vertreters kommt vor allem in Betracht, daß die genügende Gelegenheit jetzt fehlt, durch gegenseitiges Aussprechen zwischen Partei (bezw. Anwalt) und Richter die gegenseitige Klarheit herbeizuführen, bei dem Richter über das, was die Partei eigentlich geltend machen will, bei der Partei über die Punkte, die dem Richter als wichtige besonders zu beantworten und zu beleuchten wären. Das Fragerecht des Vorsitzenden in der mündlichen Hauptverhandlung, nach Erfahrung häufig gänzlich vernachlässigt, ist jedenfalls nur ein äußerst geringer Ersatz für den im Anhang S. 111 ff. vorgeschlagenen direkten mündlichen Verkehr zwischen Gerichtsorgan und Parteien (bezw. Anwälten). Wird dieser eingeführt, so wäre, was hier schließlich noch bemerkt werden soll, da auch die richtige Stelle zur Ergänzung, Erläuterung, zu Beweis- und Bescheinigungs-Vorlagen bei gewissen auch zur Zeit schriftlich einzureichenden und vom Gerichtshof regelmäßig ohne mündliche Verhandlung zu erledigenden Anträgen und Gesuchen, die bei jetziger Prozeßrechtslage unter dem Einfluß der Theorie des „reinen Richteramts" häufig zum großen Nachteil der Partei nicht zu ihrem Rechte kommen. Insbesondere sind damit Gesuche um Arreste und einstweilige Verfügungen gemeint, welche häufig genug vom grünen Tisch aus kurzer Hand wegen Unvollständigkeit des Vorbringens abgewiesen werden, während bei einer vorher etwa vor dem Deputierten vorzunehmenden Erörterung des Gesuchs die Beseitigung der dem Gerichtshof entstandenen Bedenken, von denen der Anwalt oft keine Ahnung hat, sich häufig leicht erledigen ließe. Auch hier hat das Princip der Mündlichkeit als einziges Hilfsmittel nur nach § 801 PO. die Anberaumung einer öffentlichen Kollegialgerichtssitzung gefunden, von dem jedoch erfahrungsgemäß selten Gebrauch gemacht zu werden pflegt. Diese Beschränkung des Rechts, ein unvollständig begründetes oder nicht genug bescheinigtes Gesuch zu erläutern und zu ergänzen hat dann naturgemäß wieder zur Folge, daß das Recht der Parteien ohne Rechtsanwalt ein Gesuch um Arrest, einstweilige Verfügung (Sicherung des Beweises) bei dem Kollegialgericht zu Protokoll des Gerichtsschreibers anzubringen, ziemlich wertlos werden muß.

Schlußwort.

Wir stehen am Schluß dieser Studie, deren Inhalt kurz dahin zusammenzufassen ist:

Weder historische noch rechtsphilosophische Betrachtung rechtfertigen die Definition des Prozesses als des vom Gericht zu entscheidenden Rechtsstreits der über ihr Privatrecht uneinigen Parteien. Prozeß ist vielmehr: in erster Reihe Selbstverwirklichung des gestörten Privatrechts durch das einseitige aber staatlich geordnete Vorgehen des Beeinträchtigten; Prozeß ist sodann Selbstaustragung des zwischen den Parteien über ihr Privatrecht entstandenen Streits durch die Parteien unter staatlicher Kontrolle und Mitwirkung; Prozeß ist endlich erst auf dritter Stufe der vor dem Gericht geführte, vom Gericht zu entscheidende Rechtsstreit.

Keiner Art von Privatrechtsverletzungen (die mit öffentlichem Interesse verknüpften, wie Ehesachen, jedoch ausgenommen) darf principiell einer jener drei Wege zur Ausgleichung des Civilunrechts entzogen sein. Während nun bei den amtsgerichtlichen Fällen das summarische Verfahren vor dem Einzelrichter das Bedürfnis nach stärkerer Hervorhebung der beiden ersten Erledigungsarten nicht hervortreten läßt; leidet das kollegialgerichtliche Verfahren schwer unter dem Druck der Theorie, die den Prozeß nur in seiner dritten Form kennt.

Es gilt daher bei jeder Reform des kollegialgerichtlichen Verfahrens zunächst den beiden ersten Arten der Prozeßerledigung größern Eingang zu verschaffen, und zwar durch Einführung eines Vorverfahrens vor einem Gerichtsdeputierten als Richter-Prätor. Dieses Vorverfahren, in dem die Parteien selber ihren Rechtshandel auszutragen versuchen, soll dann, wenn letzteres mißlingt, sofort benützt werden zur Vereinfachung und Klarlegung des Prozeßstoffes und zu einer derartigen Vorbereitung der Hauptverhandlung, daß regelmäßig in dieser die nicht schon vorher erledigten Sachen durch Endurteil erledigt werden können.

Das vom Verfasser vorgeschlagene Vorverfahren, indem es die öffentlich-mündlichen Sitzungen der Landgerichte in wohlthätigster Weise entlastet und erleichtert, wird ganz wesentlich dazu beitragen, daß dieselben ihrer wirklichen und wesentlichen Aufgabe „der kollegialen Anhörung und Beratung der für den mündlichen Vortrag durch Rechtsanwälte geeigneten, zum Endurteil klar gestellten Rechtsfälle" sich in ersprießlicher Weise widmen und dem rechtsuchenden Publikum diejenigen Wohlthaten und Vorteile wirklich leisten, die man sich von der Einführung der kollegialen Rechtssprechung seiner Zeit versprochen hat.

Nur dieses Vorverfahren ist — nach des Verfassers Überzeugung — überhaupt im Stande, das kollegialgerichtliche Verfahren in der ersten Instanz vor dem Untergang zu retten.

Anhang.

Dem vor dem Einzelrichter sich abspielenden amtsgerichtlichen Verfahren in seiner freien Beweglichkeit steht das Verfahren vor dem Kollegialgericht eigentlich als ein ganz fremdes, kaum noch blutsverwandtes Wesen gegenüber. Zwar scheinen theoretisch die Unterschiede nicht so gewaltig; bleibt doch die Grundlage des amtsgerichtlichen Verfahrens, die Mündlichkeit, und scheint doch der ganze Unterschied lediglich darin zu bestehen, daß statt des Einzelrichters ein Dreimännerkollegium am Richtertisch Platz nimmt, vor demselben aber statt der turbulent durcheinander schreienden Parteien zwei Rechtsanwälte in geordnetem Vortrag ihre Anträge begründen.

Die nähere Untersuchung zeigt jedoch, daß gerade mit Rücksicht auf diese Veränderung der im landgerichtlichen Prozeß agierenden Personen das bei dem Amtsgericht so schnell arbeitende, bewegliche mündliche Verfahren vor dem Landgericht zu einer langsam, schwerfällig und unsicher arbeitenden Maschinerie umgestaltet worden ist.

Zwar läßt sich diese Maschine bei Beginn des Prozesses ganz leicht und rasch in Bewegung setzen.

Hat die klagende Partei das nötige Kleingeld zur Vorschußleistung, oder genießt sie bei dem Rechtsanwalt (was ja regelmäßig der Fall sein dürfte) einstweiligen Kredit, so kann schon nach wenigen Tagen die Vorladung vor das Landgericht in den Händen des Beklagten sich befinden. Freilich ist schon alsbald mit der Benachrichtigung von der Klagzustellung eine unangenehme Enttäuschung dem Kläger bereitet. Die Verhandlung seiner Sache, auch wenn letztere noch so einfach ist, auch wenn von vornherein ein Widerspruch des Beklagten gar nicht zu befürchten ist, soll erst nach zwei, drei Monaten und gar, sowie die grüne Oase der Gerichtsferien als entferntes Pünktchen am dürren Sommerhorizont der Juristenwelt auftaucht, nach 5, 6 Monaten stattfinden. Der bösliche Zahler, der den Kläger um die vorhandenen Befriedigungsmittel betrügen will, der bedrängte Schuldner, der aus Geldverlegenheiten bisher nicht zahlen konnte, der redliche Prozeßgegner endlich, der mit scharfen Waffen den eingeklagten Anspruch zu bekämpfen entschlossen ist: Alle werden mit dieser Schon- und Wartefrist von der Prozeßordnung beglückt. Das Gesetz macht (abgesehen vom Wechsel) kaum einen Unterschied, da die wenigen als Feriensachen bevorzugten Sachen nicht ins Gewicht fallen. So giebt denn Gesetz und Gericht selber dem Schuldner die schönste Mußezeit zu allerhand Manipulationen, wie Beseitigung von Fahrnissen und anderer Vermögensobjekte, Errichtung von Hypotheken zu Gunsten bevorzugter oder fingierter Gläubiger, zu Handlungen also, welche vom Kläger nur in seltenen Fällen durch Arrest oder einstweilige Verfügung verhindert und, wenn sie einmal geschehen sind, nur höchst schwierig und kostspielig wieder beseitigt werden können.

Doch der Verhandlungstermin ist endlich erschienen.

Eine große Tagesordnung gilt es regelmäßig zu bewältigen; 20 und mehr Fälle harren der Entscheidung und alle diese Fälle sind auffallenderweise auf den gleichen Glockenschlag zur Verhandlung angesetzt, mag auch die späte Abendstunde erst dem letzten Falle die Verhandlung bringen.

Ein Anspruch darauf, daß außerhalb der vom Präsidenten festgesetzten Tagesordnung die Fälle aufgerufen werden, kann nicht erhoben werden; selbst einfache Kontumacialanträge und sonstige Gegenstände, die in wenigen Minuten zu erledigen wären, sind an und für sich an die Reihenfolge gebunden. Der Rechtsanwalt, der — falls seine Sache sofort aufgerufen würde — in kürzester Zeit wieder auf seinem Büreau arbeiten könnte, muß nur zu oft bis Mittag ja bis zum Abend in den Gängen und Sälen des Gerichtsgebäudes kostbare Stunden lediglich vergeuden und schließlich das beschämende Gefühl mit nach Hause nehmen, daß in vielen Fällen die Deserviten weniger eine Vergütung für wirklich geleistete Arbeit, als ein oft dürftiges oft aber auch unverhältnismäßig hohes Wartegeld für prozeßordnungsgemäßes Umherlungern darstellen.

Von den Fällen der Tagesordnung wird jeweils ein Teil ohne größere Verhandlung schnell erledigt, durch Verlegung des Termins, Erlassung von Kontumacial- oder Anerkenntnisurteilen, Abnahme von Eiden und Erlassung des Vereinigungsurteils. Von größerem Interesse sind dann diejenigen Fälle, über welche kontradiktorisch verhandelt wird. Unter diesen hat nur ein kleiner Teil das glückliche Schicksal durch Urteil sofort prompt erledigt zu werden.

Daß die Erledigung hierbei regelmäßig mit derjenigen Gründlichkeit und demjenigen zutreffenden Verständnis erfolgt, wie man das doch im Gegensatz zum amtsgerichtlichen Verfahren bei dem Kollegium sich zu versprechen pflegt, das wird Niemand behaupten, der in längerer Praxis als Rechtsanwalt dies Verfahren mitgemacht hat. Oberflächlichkeit, Mißverständnisse, Ungenauigkeiten haften — abgesehen von den unterlaufenden Rechtsirrtümern — viel zu häufig, man wird in Senaten mit steigender Geschäftslast sagen dürfen „immer häufiger", den Entscheidungen und Urteilen der Kollegialgerichte an. Freilich liegt es uns fern, die Ursache davon etwa allein oder auch nur größtenteils in den Personen der Richter zu suchen.

Nein, viel komplizierter ist der ursächliche Zusammenhang solcher Mißstände! In manchen Fällen wird man zweifelsohne dem Rechtsanwalt vorwerfen können, daß er versäumte, den vorbereitenden Schriftsatz eingehend und klar zu rechter Zeit zu erstatten; nicht selten auch entbehrt der mündliche Vortrag der Klarheit in der Darstellung der That- und Rechtsfragen. Was speciell die Richter anbetrifft, so entbehren öfters die Vorsitzenden der für das schwierige Vorsitzenden-Amt unbedingt gebotenen eigentümlichen Qualitäten. Nicht selten trifft man ganz tüchtige und höchst ehrenwerte Männer als Vorsitzende an, die von dem eigentlichen Schwerpunkt des mündlichen Verfahrens keine ganz richtige Auffassung zu haben scheinen. So wird uns von Vorsitzenden berichtet, daß deren Thätigkeit in langen, den ganzen Tag hindurch andauernden Sitzungen principiell darauf beschränkt sei, daß sie die einzelnen Fälle aufrufen, die Rechtsanwälte ihre Vorträge ohne Unterbrechung, ohne irgend eine aufklärende Frage abschnurren lassen und jeweils dann nur verkünden, es finde Nachberatung statt, und die Entscheidungsverkündung werde in einer spätern Sitzung vorgenommen werden. Das ganze Material einer sechs- bis achtstündigen Sitzung muß dann nachträglich, wenn es in den Köpfen der Richter notwendigerweise chaotisch durch einander gewirbelt ist, auf einmal in einer geheimen Nachberatung verdaut und zu Entscheidungen und Urteilen verarbeitet werden.

Wer wird es da nicht als selbstverständlich betrachten, daß wichtige thatsächliche und rechtliche Ausführungen der Rechtsanwälte übersehen und vergessen werden, und daß nicht selten Urteile ans Licht kommen, über welche die beiderseitigen Rechtsanwälte gemeinsam den Kopf schütteln.

Man wird uns erwidern, daß solche Erscheinungen doch lediglich Personen, nicht aber der Prozeßordnung zuzurechnen seien. Letztere bestimme ja kategorisch, daß die Rechtsanwälte ihre Sachen schriftlich genau vorbereiten und durchsichtig vortragen, sie erfordere auch ihrem ganzen Geiste nach, daß der Vorsitzende (wie dies ja gewiß häufig genug auch mit gutem Erfolge geschieht) seine Hauptaufgabe darin finde, durch Eingreifen in die Verhandlung, Fragestellung, Belehrung u. s. w. den status controversiae klar auseinanderzulegen und durchsichtig zu gestalten.

Und doch, so behaupten wir, haben die von uns gerügten Mißstände ihre erheblich mitwirkenden Ursachen in der Einrichtung des Verfahrens selber!

Das mündliche Verfahren vor den Kollegialgerichten drängt (wenigstens bei den beschäftigten Landgerichten) naturgemäß eine große, eine übergroße Anzahl von Fällen jeweils auf einen Sitzungstag zusammen. Alle diese Fälle sollen in einer verhältnismäßig kurzen Spanne Zeit vorgetragen, angehört, verdaut und eigentlich sofort entschieden werden.

Überstürzungen sind da beim besten Willen gar nicht zu vermeiden. Das Gericht kommt unvermeidlich in das Dilemma, entweder — um dem Geiste der Civilprozeßordnung gemäß sofort in der Sitzung die Entscheidung geben zu können — die Vorträge der Anwälte einzuschränken und dadurch die Zeit zur Beratung zu gewinnen, oder aber — mit Vernachlässigung jenes Princips der Unmittelbarkeit — den Vorträgen die wünschenswerte Zeit zu belassen und das gesamte Material nachträglich in der Nachberatung zu verarbeiten.

Auch der gerügte Mangel genügender schriftlicher Vorbereitung der Sachen durch die Rechtsanwälte, soweit er überhaupt diesen und nicht deren Parteien zur Last fällt, dürfte sich großenteils erklären aus der jetzigen Verfahrensart. Der Rechtsanwalt, der seine schönste Arbeitszeit (die des Vormittags) auf den Gängen und in den Gerichtssälen mit Warten und Nichtsthun vergeuden oder mit Dingen vertrödeln muß, die er ebensogut, wenn es gestattet wäre, mit einem schriftlichen Antrag erledigen könnte, wird selbstverständlich nicht mehr im stande sein, neben den doch notwendigen Besprechungen mit dem Klienten, den vorbereitenden Schriftsätzen die so dringend wünschenswerte Aufmerksamkeit zukommen zu lassen. Es ist eine unbestreitbare und höchst verhängnisvolle Thatsache, daß die Maschinerie des mündlichen Verfahrens in der jetzigen Gestalt die Zeit und die Kräfte der Rechtsanwälte in ganz unverhältnismäßiger Weise in Anspruch nimmt, wie auch ebenso unbestreitbar ist, daß diese unterschiedslose Anwendung des Mündlichkeitsprincips auf jedes Fällchen das Richterpersonal höchst unnötigerweise belastet.

Daß diese Maschinerie einer gründlichen Umgestaltung bedarf, diese Notwendigkeit wird noch klarer hervortreten, wenn wir uns nunmehr zur Entwicklungsgeschichte derjenigen Prozesse wenden, welche nicht das Glück genießen, auf ersten Anhieb entschieden zu werden.

Die Richterledigung dieser Fälle, soweit nicht für die schließliche Entscheidung vom Gericht sofort das Beweisverfahren angeordnet wird, hat ihre Ursache entweder in der Notwendigkeit, gewisse Vorfragen z. B. der Kompetenz, der Sach- und Prozeßlegitimation, der Prozeßkostenkaution u. s. w., vor der Verhandlung der Sache selber zum Austrag zu bringen, oder in dem Mangel genügender Vorbereitung der Sache, die dann auf einen andern Termin zu verlegen ist.

Wir werden unten nachweisen, daß die von uns vorzuschlagende Reform diese zahllosen Verlegungen, dies lange Hinausschieben der Entscheidung zum großen Teil beseitigen würde. Betrachten wir indessen zuvor noch die Entwicklung der ins Beweisstadium übergehenden Prozesse. Das Princip der Mündlichkeit und Unmittelbarkeit würde verlangen, daß die vorgeschlagenen Zeugen und Sachverständigen im nächsten Termin vor dem versammelten Kollegium vernommen werden.

Die Beweiserhebung kann gewiß nur dann vollkommen richtig gewürdigt werden, wenn sie unmittelbar vor den erkennenden Richtern sich abspielt. Das ist ein Satz, der im Strafverfahren so sehr zum Axiom geworden ist, daß einer der Hauptgründe gegen die Berufung in Strafkammer- und Schwurgerichtssachen gerade aus der Unmöglichkeit, jenen Grundsatz in der Berufungsinstanz wahrzunehmen, abgeleitet wird. Im Civilprozeß aber scheint vielfach im Deutschen Reiche dieser Grundsatz der Beweiserhebung vor dem erkennenden Gericht über Bord geworfen zu sein.

Regelmäßig genießen zwei Mitglieder, sehr häufig auch alle drei (bei dem sehr beliebten Gebrauch, die Beweise durch die Amtsgerichte erheben zu lassen), das Beweisergebnis nur durch die Lektüre oft sehr mangelhafter Protokolle, durch die gefärbten Berichte der Rechtsanwälte und das Referat des Respizienten.

Wir müssen dieses Resultat mehr beklagen, als daß wir berechtigt wären, die Gerichte deswegen zu tadeln, denn die ganze Maschinerie des landgerichtlichen Verfahrens ist eine derart kraft- und zeitraubende, daß die Durchführung der Unmittelbarkeit der Beweiserhebungen einfach zu einer völligen Stagnation der Rechtssprechung führen würde.

Eine Wiedereinführung dieses Princips der Unmittelbarkeit im Beweisstadium wäre nur dann denkbar, wenn man in den Verhandlungsterminen durch die von uns vorzuschlagenden Reformen wieder die notwendige Zeit gewänne.

Inwieweit man diese Zeit gerade lediglich zu gedachtem Zwecke verwenden soll, ob man den Grundsatz der Unmittelbarkeit des Beweisverfahrens mit größerer oder geringerer Schärfe durchführen soll, das eingehender zu prüfen, übersteigt übrigens den Rahmen dieser Erörterungen.

Wichtiger zunächst erscheint uns die Beschleunigung und Vereinfachung des ganzen Prozeßganges. Die schwerfällige Maschinerie der heutigen Prozeßordnung behandelt unterschiedslos alle einlaufenden Prozesse nach ein und demselben Rezepte. Stets die gleiche Ordination: Termin findet statt zur mündlichen Verhandlung nach so und soviel Monaten. Nicht die mindeste Rücksicht nimmt diese Rezeptierkunst auf die augenfällige Thatsache, daß eine ganze Menge von Fällen statt in Monaten in wenigen Tagen ohne Mühe erledigt sein könnte, falls das Gericht nur sofort diese Sache ernstlich in die Hand nehmen dürfte und wollte. Ebenso verschließt sich diese gesetzgeberische Weisheit, der zu Folge Monate lang nach Klageinreichung — abgesehen von harmlosen vorbereitenden Schriftsätzen der Rechtsanwälte — zur Erledigung und Beschleunigung der Prozesse gar nichts geschehen darf, blind der täglich wiederkehrenden Wahrnehmung, daß der nach langem Warten endlich erschienene Verhandlungstermin sehr oft eine Verhandlung oder gar Erledigung des Prozesses aus dem wahrhaft kläglichen Grunde nicht herbeigeführt, weil in der doch so reichlich bemessenen Vorbereitungszeit es auch an jeder ernstlichen und materiellen Vorbereitung für die Entscheidung gefehlt hat. Da stellt sich denn heraus, daß vor der Verhandlung und Entscheidung noch Nebendinge zu ordnen sind, welche der Richter, falls er nur seinem gesunden Menschenverstande hätte folgen dürfen, längst vor dem Termine hätte ordnen können. Dahin gehören Beanstandungen der Zustellungsförmlichkeiten, falsche Bezeichnungen von Namen der Prozeßparteien, Vormündern, Bevollmächtigten u. s. w.; ferner das Fehlen notwendiger Aktenstücke, Korrespondenzen u. s. w., Unvollständigkeiten, Unklarheiten in den vorbereitenden Schriftsätzen.

Alles dies hätte, wenn das Gericht eingreifen dürfte, längst vor dem Termin erledigt sein können.

Wir rechnen aber dahin auch die Erhebung anderer Beweise, als gerade nur Beibringung ebengenannter Urkunden. Der lediglich von seinem bürgerlichen Instinkt geleitete Klient fragt höchst verwundert seinen Rechtsanwalt, warum denn seine Zeugen zum Termin nicht vorgeladen seien. Er kann die scholastische Weisheit einer Vorschrift nicht würdigen, die dahin rezeptiert, daß die Rechtsanwälte erst nach mehrmonatlicher Wartezeit die schriftlich schon lange vorher dem Gerichte angegebenen Zeugen nochmals im Termin herunterlesen müssen und daß erst dadurch das Gericht aus der bisherigen Passivität zur Aktion aufgerüttelt werden darf. Es widerspricht doch genau besehen allem gesunden Menschenverstande, eine solche Fessel den Richtern anzulegen. Mag es noch so klar gleich bei Beginn des Prozesses am Tage liegen, daß die Entscheidung von bestimmten Beweiserhebungen abhängen wird; mögen darüber auch die beiderseitigen Rechtsanwälte nicht den geringsten Zweifel haben; es hilft alles nichts.

Programmmäßig muß nach langer Vorbereitungs- und Wartezeit das Schauspiel vom Stapel gelassen werden; feierlicher Aufruf der Sache im mündlichen Termin, schneidiges Redeturnier der Rechtsanwälte, in dem oft stundenlang wiedergekaut wird, was der Gerichtshof schon schwarz auf weiß in den Akten besitzt, endlich Verkündung eines Beweisbeschlusses, der ebenfalls häufig genug schon schwarz auf weiß vom Respicienten fertig in die Sitzung mitgebracht wurde. Ungeheure Zeit und Kraftvergeudung also lediglich zu Ehren eines von Theoretikern geschaffenen Mündlichkeitsmolochs, einfach pro nihilo!

Die Abschaffung solchen Komödienspiels, die Beseitigung überhaupt der dem landgerichtlichen Verfahren nach unserer jetzigen Prozeßordnung anklebenden großen Mißstände gewährt unsere Reformidee, zu deren Entwicklung wir nunmehr übergehen wollen.

Wir haben bei Beginn unserer Erörterung die Behauptung aufgestellt, daß das amtsgerichtliche Verfahren im Gegensatz zum landgerichtlichen ein schnelles, leicht handhabliches, allen Erfordernissen auf seinem Gebiete entsprechendes sei. An diese Auffassung anknüpfend, haben wir den Weg gesucht zur Reform des landgerichtlichen Prozesses.

Es kann nicht bezweifelt werden, daß das amtsgerichtliche Verfahren die geschilderten Vorzüge dem Institut des Einzelrichters verdankt. Ebenso unzweifelhaft ist die Ursache der

Schwerfälligkeit des landgerichtlichen Verfahrens in der Ersetzung des Einzelrichters durch ein Dreimännerkollegium zu finden. Doch verbessern wir uns sofort! Die Fehlerquelle liegt vielmehr nur in derjenigen starren Auffassung der Kollegialität, wie sie die deutsche Prozeßordnung zu einer ausnahmslosen Form und Fessel für jedweden Prozeß und jede einzelne Prozeßhandlung ausgebildet hat. Diese principienstarre Auffassung (von der eigentlich nur per nefas jetzt Ausnahmen in praxi gemacht werden), bringt mit sich den ausnahmslosen Anwaltszwang, die langen Fristen, die vielen Verlegungen und Verschleppungen, die Überhäufung der öffentlichen Gerichtssitzungen mit Fällen, die aus der Geschäftsüberhäufung und mangelnden sachlichen Vorbereitung sich ergebende Verschlechterung der Rechtsprechung, lauter Nachteile, die schon manchen tüchtigen Juristen und Praktiker an der Zweckmäßigkeit des ganzen Instituts der Kollegialgerichte für die erste Instanz irre werden und ihn die Wiedereinführung des Einzelrichters für die Gesamtheit der erstinstanzlichen Rechtsprechung fordern ließen.

Wir unsererseits bleiben Freunde der kollegialen Besetzung der Richterbank in den wichtigeren (landgerichtlichen) Fällen. Wir möchten nicht verzichten auf die unleugbaren Vorteile kollegialer Rechtsprechung.

Wir sind zu der Ansicht gelangt, daß die dem landgerichtlichen Verfahren zur Zeit anklebenden Mängel sich beseitigen lassen ohne Beseitigung der kollegialen Rechtsprechung. Es genügt vielmehr die Modifizierung des starren Princips, es genügt die Durchbrechung des einseitigen Grundsatzes, daß jeder Prozeß und jede Prozeßhandlung vor und von dem versammelten Kollegialgerichte vorgenommen werden müsse.

Es handelt sich bei dem Problem, in wieweit jenes Princip eine Modifizierung zulasse, einfach darum, die Thätigkeit des Kollegiums (die Prüfung und Beschlußfassung der drei zu diesem Zweck in öffentlicher oder geheimer Sitzung zusammenberufenen Richter) auf dasjenige Gebiet der richterlichen Thätigkeit, für welche die kollegiale Beratung ein wirklicher Vorteil gegenüber der Thätigkeit des Einzelrichters sein kann, zu beschränken, für diejenige Thätigkeit aber, die ebensogut oder besser ein einzelner Richter (der mit der Specialbehandlung des Falls betraute Respizient, Referent), besorgen kann, eben einfach diesen Einzelrichter eintreten zu lassen.

Wir bringen somit eine Verbindung des Instituts des Einzelrichters mit dem des Kollegialsystems in Vorschlag, scheinbar ein Zwitterding, an innerm Widerspruch leidend, in Wahrheit aber eine Lösung, einfach wie bei dem Ei des Columbus. Überall da, wo es nicht gilt, schwierige Rechtsfälle zu lösen, wo es sich vielmehr darum handelt, entweder diese Thätigkeit vorzubereiten oder darum, Prozeßhandlungen vorzunehmen, die schneller und besser von einem Richter als von drei vorgenommen werden, soll jener, nicht das Kollegium die betreffende Richterthätigkeit vornehmen.

Wir fordern damit weit mehr, als daß etwa der Respizient (wie z. B. schon jetzt bei Beweiserhebungen) lediglich als Mandatar des Gerichts handele und gelte.

Wir verlangen vielmehr eine Art eigener Gerichtsbarkeit für den Referenten; der Respizient soll nach unserm Vorschlag gewissermaßen zum selbständigen Einzelrichter werden, soweit das (ohne Beseitigung der Vorteile kollegialer Urteilsfindung) behufs Entlastung der Kollegialgerichte und zur Vorbereitung der Urteilsfindung geschehen kann. Und das kann in der That mit dem größten Nutzen auf einem reichen Arbeitsfelde geschehen.

Entwerfen wir das Bild seiner Thätigkeit nach unserm Vorschlage!

Unter den täglich bei dem Gerichtshof einlaufenden Klagen finden sich (abgesehen von Arrestanträgen, Bitten um Provisorien, welche der Präsident schon jetzt als Einzelrichter erledigen darf) eine ganze Menge von Sachen, welche in der Folge durch Kontumacialurteil, Anerkenntnisurteil, Vergleich erledigt werden. Warum mit diesen Dingen das Kollegialgericht behelligen? Warum gar erst nach drei Monaten? Kann die in diesen Sachen zu entwickelnde Richterthätigkeit nicht ebensogut, nicht viel besser durch den Respizienten als Einzelrichter erledigt werden? Warum also da kollegiales Verfahren?

Die Antwort wird schnell bereit sein und dahin gehen: man hat ja bei Einlauf dieser Sachen doch noch keine Idee davon, daß sie so einfach zu erledigen sind!

Nun dann gebe man einfach eine jede neu einlaufende Sache zunächst dem Respizienten als Einzelrichter.

Dieser, nicht der Präsident, setzt sofort einen nicht weiter als höchstens 14 Tage hinauszuschiebenden Termin auf die Klage, zu dem beide Teile unter Androhung von Rechtsnachteilen vor den Respizienten (nicht vor das Kollegium) vorgeladen werden.

Der Beklagte, wenn er den Klaganspruch bestreiten will, hat sofort den Rechtsanwalt zu bestellen.

Erscheint er nun im Termin ohne Rechtsanwalt, so wird ihm nur eine in unserer jetzigen Prozeßordnung bis zur Widerwärtigkeit sich breit machende Principienreiterei die natürliche Befugnis ferner bestreiten können, persönlich den Klaganspruch alsbald vor dem Einzelrichter zu Protokoll anerkennen zu dürfen.

Es ist in der That eine kaum verständliche Härte und Rücksichtslosigkeit unserer jetzigen Prozeßordnung, daß sie dem Beklagten versagt, im Verhandlungstermin den Klaganspruch ohne Beizug eines Rechtsanwaltes anzuerkennen und dadurch sich erhebliche Kosten zu sparen; es ist das eine Rücksichtslosigkeit, die Niemanden, am allerwenigsten dem Kläger selber etwas nützt. Und man weiß in der That nicht, ist es ein lächerlicheres oder beklagenswerteres Bild, wenn man mit ansehen muß, wie der Vorsitzende den oft schon schwer genug bedrängten Beklagten, der in seinem beschränkten Unterthanenverstande versucht und immer dringender versucht, das Wort behufs Anerkennung des Anspruchs (vielleicht auch nebenbei behufs Erzielung einer Gnadenfrist) zu bekommen, schließlich mit groben Worten zur Thür hinausweisen muß.

Welche Wohlthat, welche Zeit- und Kostenersparnis wäre schon damit gewonnen, wenn wenigstens dieses vor dem Einzelrichter abgemacht werden könnte! Erlaubt man dem Beklagten aber überhaupt das persönliche Erscheinen vor dem Einzelrichter, wie manche Fälle würden dann (außer den alsbald zur Anerkennung des Klaganspruchs gelangenden) auch durch Vergleich ihre sofortige Erledigung finden können!

Welche segensreiche, fruchtbare Thätigkeit könnte da in diesem ersten Termine der aus dem feierlichen Talar und seiner Amtswürde heraustretende Richter, der Verständnis für das Leben und Herz für die Bedrängten hat, vorfinden!

Erscheint aber der Beklagte oder ein Rechtsanwalt für denselben nicht im Termin des Einzelrichters, so wird einfach durch diesen — nicht durch das Kollegium — das Versäumnisurteil verkündet. Niemand wird uns wenigstens glaubend machen, daß dies nicht dem Einzelrichter anvertraut werden könne.

Erscheint die beklagte Partei ohne Rechtsanwalt und ohne die Absicht der sofortigen Anerkennung der klägerischen Forderung, so wird prozessualiter an und für sich nichts im Wege stehen, nach Maßgabe der jetzigen Regel sofort Versäumnisurteil ergehen zu lassen. Mit Rücksicht indessen darauf, daß die beklagte Partei öfters das Versäumnis der Anwaltsbestellung wird in glaubwürdiger Weise entschuldigen können, mit Rücksicht ferner darauf, daß es oft im allseitigen Interesse liegt, womöglich mit dem persönlich erschienenen Beklagten den Sachverhalt zu erörtern und eine gütliche Erledigung herbeizuführen, wird man dem Respizienten die allerdings vorsichtig auszuübende diskretionäre Befugnis einräumen müssen, die Verkündung des Versäumnisurteils wegen Nichtbestellung des Rechtsanwalts auf zwei, drei Tage auszusetzen. Wird innerhalb dieser Zeit der Rechtsanwalt bestellt; so ist statt der Verkündung des Versäumnisurteils vom Respizienten in möglichst zeitiger Nähe ein weiterer Termin zur Verhandlung der Angelegenheit mit den beiderseitigen Rechtsanwälten anzusetzen.

Wir verlangen nämlich auch dann die Verhandlung vor dem Respizienten, wenn beiderseits Rechtsanwälte aufgestellt, wenn also die Prozesse kontradiktorisch werden. Grade in diesen Fällen wird die Verhandlung zu außerordentlich günstigen Resultaten führen müssen. Abgesehen davon, daß auch hier in einer Anzahl von Fällen ein Vergleich zu erzielen sein dürfte, wird dieser Termin vor dem Einzelrichter im wesentlichen die Vorbereitung der mündlichen Verhandlung vor dem Kollegialgericht und der Urteilsfällung herbeizuführen haben und damit den ganzen Prozeß auf das wesentlichste zu beschränken imstande sein.

In diesem Termin wird der Einzelrichter sofort eine Besprechung des Rechtsfalls mit den beiderseitigen Rechtsanwälten vornehmen. Er wird die Frage der Prozeßlegitimation, der aktiven und passiven Sachlegitimation, der Zuständigkeit des Gerichts aufzuklären haben, auf Mängel in diesen und anderen Punkten aufmerksam machen, die Anwälte zu Berichtigung solcher Mängel, vielleicht auch zu gütlicher Erledigung veranlassen.

Er wird dasselbe thun in Bezug auf manche prozeßhindernde Einreden; z. B. die Frage der Prozeßkostenkaution zum Austrag bringen können. Es ist in der That nicht einzusehen, warum solche, im jetzigen Verfahren den Prozeßgang oft ins Unendliche verschleppende Dinge absolut erst nach Monaten vor dem Kollegialgericht zur Sprache kommen.

Nach unserer Ansicht können sie nicht bloß sofort besprochen, sondern auch, soweit nötig, sofort durch Erkenntnis erledigt werden. Man braucht dazu nicht unbedingt das mündliche Verfahren vor dem Kollegialgericht. Will man dem Respizienten diese Frage zur Entscheidung nicht anvertrauen, so wird die Entscheidung des Kollegiums auf Grund des Protokolls und des Referats des Respizienten genügen.

In einzelnen Fällen könnte auch, wenn einer der Rechtsanwälte darauf Antrag stellt, zur Entscheidung solcher Vorfragen Termin in einer der nächsten Sitzungen des Kollegiums stattfinden. Das Hinausschieben solcher Entscheidungen über Monate hinaus ist oft einfach skandalös.

Nun denke man aber ferner an die zahllosen Fälle, wo die Verhandlung der Sache und die Urteilsfällung im ersten Termin vor dem Kollegium ganz gut stattfinden könnte, wenn man nur gewisse in den Händen von Behörden oder der Parteien selber befindliche Urkunden, Briefe, Aktenstücke bei der Hand hätte. Solche Aktenstücke rechtzeitig herbeizuschaffen, daran hat nur zu häufig Niemand gedacht.

Nach dem Princip der Mündlichkeit, (wonach die vorbereitenden Schriften der Rechtsanwälte vor dem Termine lediglich als bedeutungslose Lektüre gelten) ist es ja durchaus nicht Sache des Gerichts, solche Schriftstücke, auch wenn sie offenbar notwendig sind, rechtzeitig herbeizuschaffen. Ja, Anträge der Rechtsanwälte, solche Aktenstücke vor dem Termin zu erheben, sind häufig schon von principienstarken Vorsitzenden einfach zurückgewiesen worden. Die Rechtsanwälte entdeckten ihrerseits oft erst im Termin (vielleicht erst vom Vorsitzenden aufmerksam gemacht), daß ihr Prozeßmaterial der thatsächlichen Ergänzung bedarf, oder daß Schriftstücke und Akten hätten beigebracht werden sollen, ohne welche die Verhandlung und Entscheidung nicht möglich. Nach stundenlangem Warten endlich aufgerufen, womöglich nach langen Plaidoyers der Rechtsanwälte stolpert die Verhandlung der Sache schließlich an irgend einem Punkte, der längst vor der Verhandlung hätte erledigt sein können; Verlegenheit dann (zuweilen auch Spott) auf den Gesichtern von Richtern und Anwälten, Verlegung des Termins in unabsehbare Ferne das traurige Resultat aller Arbeit.

Der Respizient hätte nach unserm Vorschlag den ganzen Rechtsstreit mit den Rechtsanwälten durchzugehen, den status controversiae kurz (mit Hinweisung auf vorbereitende Schriftsätze oder schriftliche Feststellungen) zu fixieren; er hätte ferner die nötigen Aufklärungen und Ergänzungen zu veranlassen und den Rechtsanwälten geeignete Auflagen zu machen. Befolgt der Rechtsanwalt solche Auflagen nicht, so verwirkt er den Anspruch auf Verlegung des vor dem Kollegialgericht stattfindenden Verhandlungstermins. Nur ausnahmsweise aus gerechten Gründen wird das Kollegialgericht gegen den Willen des Gegenanwalts solche Verlegung dann noch gewähren dürfen. Unnötige Verlegungen sind durch Sportelansätze zu erschweren.

Doch ein Hauptfeld der Verhandlung vor dem Einzelrichter, eins der wichtigsten für die Prozeßbeschleunigung, bleibt noch übrig. Wir verlangen, daß vor der Verhandlung des Kollegialgerichts womöglich das gesamte zum Endurteil nötige Material von dem Einzelrichter, dem Respizienten, unter Mitwirkung der Rechtsanwälte herbeigeschafft werde. Wir fordern daher auch die sofortige Beweisantretung und die Beweiserhebung in weitgehendem Umfange. Vielleicht aber wird grade diese Forderung am meisten Widerspruch hervorrufen, man wird sie als abenteuerlich, als revolutionär bezeichnen.

Und doch scheint uns nichts natürlicher und einfacher zu sein, als dieses Verfahren.

Zur Zeit des früheren Prozesses mit seinem Beweisinterlocut (gegen das sogar noch appelliert werden konnte) betrachtete man dessen Abschaffung und den Wegfall des besonderen Termins zur Beweisantretung mit bedenklichen Mienen als unerhörtes Wagnis. Dies Wagnis war aber jedenfalls viel größer als das unseres Vorschlags, auch den Beweisbeschluß des Kollegialgerichts abzuschaffen, und die Beweisantretung und Beweiserhebung dem Einzelrichter vor der Hauptverhandlung zu übertragen.

Zwar principiell, wie wir oben ausführten, sollte eigentlich die Beweiserhebung vor dem versammelten Kollegialgerichte wegen des Princips der Unmittelbarkeit stattfinden.

Falls man glauben sollte, dies Princip durchführen zu können, so würde dem Respizienten nur die Entgegennahme der Beweisantretung und die Herbeischaffung der Beweismittel für den Hauptverhandlungstermin (z. B. Vorladung der Zeugen) zu übertragen sein.

Das wäre eine ideale Form des mündlichen Verfahrens, wie sie ähnlich mit gutem Erfolg im Strafverfahren eingeführt worden ist.

Wir hegen indessen die größten Zweifel daran, ob bei der Geschäftslast der Civilgerichte sich dieser Grundsatz der Unmittelbarkeit der Beweiserhebung wird allgemein durchführen lassen, glauben vielmehr, daß nur ausnahmsweise die Vorladung der Zeugen und Sachverständigen zur Hauptverhandlung möglich sein wird. Es wird in der Mehrzahl der Fälle an der Gewohnheit, die Beweise durch den Respizienten oder die Amtsgerichte erheben zu lassen, festgehalten werden müssen. Damit aber erweitert sich alsbald der Wirkungskreis des Respizienten als Einzelrichters auf das erheblichste. Der Respizient hat, nachdem er die Beweisantretung der Rechtsanwälte entgegengenommen, nun auch alsbald die Beweiserhebung selber vorzunehmen.

Das, was im jetzigen Verfahren eine seltene Ausnahme bildet, die Beweisanticipation vor dem Verhandlungstermin, würde zur Regel; die bisherige „Sicherung des Beweises" (Beweis zum ewigen Gedächtnis) würde zur Norm erhoben.

In Wahrheit ist ja im Hinblick darauf, daß jede Beweiserhebung mit der Entfernung derselben vom Zeitpunkt des zu konstatierenden Ereignisses oder festzustellenden Zustandes sich stetig verschlechtert, eigentlich stets der Fall der „Sicherung des Beweises" gegeben. Es sprechen die wichtigsten Gründe dafür, diese Beweiserhebungen so schnell als möglich zu den Akten zu bringen.

Dazu können wir auch außer der enormen Beschleunigung des Prozesses noch den Vorteil rechnen, daß das Ergebnis der Beweiserhebung häufig den ganzen Rechtsstreit vor der mündlichen Verhandlung aus der Welt zu schaffen, häufig wenigstens den status controversiae für die Hauptverhandlung außerordentlich zu vereinfachen und viel unnötiges Gerede der Anwälte abzuschneiden vermag.

Es fragt sich nun, wie gestaltet sich nach geschehener Beweisantretung der Beweisbeschluß, d. h. derjenige richterliche Akt, der die Beweiserhebung anordnet. Wir nehmen unsererseits keinen Anstand, diesen Akt einfach dem Respizienten zu übertragen. Dieser prüft entweder sofort im Termin oder nachher in kürzester Frist die Relevanz der angebotenen Beweise und verkündet den Anwälten, welche Beweise er zu erheben gedenkt. Eines förmlichen Beweisbeschlusses wird es nicht bedürfen, am allerwenigsten dann, wenn Respizient und Rechtsanwälte einig sind über die zu erhebenden Beweise. Auf jeden Fall ist es zweckmäßig und ganz im Geiste unseres Reformplans, die Beweisverfügung (den Beweisbeschluß) von der jetzigen lästigen und den Prozeßgang in hohem Grade verschleppenden Fessel zu befreien, daß vor Erledigung der im Beweisbeschluß angeordneten Beweiserhebungen weitere Beweise nicht erhoben werden sollen. Freie Beweglichkeit wünschen wir da; den Anwälten ist zu gestatten, Beweismittel, entweder in gemeinsamer schriftlicher Eingabe nachzuschieben, oder einen weiteren Termin bei dem Respizienten zu begehren, in dem die Nachschiebung dann stattfindet. Nur muß auch hier gegen Verschleppung energische Obsorge getroffen werden, was ja sehr leicht möglich ist in der Richtung, wie wir es oben schon andeuteten.

Nach unseren bisherigen Ausführungen wird somit das Resultat des vor dem Respizienten stattfindenden Termins sein, entweder 1) in den nicht kontradiktorisch werdenden Fällen: Anerkenntnisurteil, Versäumnisurteil, Vergleich; 2) in den kontradiktorisch sich gestaltenden Prozessen: a. Beseitigung von allerlei die Hauptverhandlung hindernden, oder erschwerenden Momenten; b. Feststellung des status controversiae; c. Anordnung von Beweiserhebungen.

Von der zweiten Kategorie von Fällen ist nach dem Termin des Respizienten ohne weiteres ein großer Teil zur sofortigen Verhandlung und Entscheidung reif. Es wäre somit in diesen Fällen sofort die Verhandlung vor dem Kollegialgericht zu fixieren. Daß dieser Termin in kürzester Zeit stattzufinden habe, hätte die Prozeßordnung kategorisch zu gebieten. Die Verhandlungstage der Kollegien werden ja durch unsere Vorschläge so außerordentlich erleichtert, daß es nicht mehr nötig fallen wird, die Termine der Geschäftslast halber soweit hinauszuschieben.

Eine weitere Vorbereitung, nach der Abhaltung des Termins vor dem Respizienten, wird nur ausnahmsweise nötig sein; die Bestimmung einer Einlassungsfrist fällt als überflüssig hinweg. Somit ist es sehr wohl möglich, zumal wenn den Gerichten bei anfänglich oder periodisch wiederkehrender stärkerer Prozeßüberflutung die Abhaltung von Extrasitzungen (wie sie im Strafverfahren ganz anstandslos stattzufinden pflegen) zur Pflicht gemacht wird, die vom Respizienten vorbereiteten Fälle in kürzester Frist abzuwandeln. Dasselbe gilt dann nicht bloß für die im ersten Einzelrichtertermin zur Erledigung präparierten Sachen, sondern in gleicher Weise von denjenigen Sachen, in denen der Respizient zunächst Beweise erhebt. Auch in diesen ist sofort nach Erhebung der Beweise der Hauptverhandlungstermin abzuhalten.

So wird man in zahlreichen Fällen das erfreuliche Resultat erreichen können, daß selbst Prozesse, die bei jetzigem Verfahren glücklichenfalls 2, 3 Monate nach der Klageinreichung erst in das Beweisverfahren übergeleitet und nach weitern Monaten erst durch Urteil erledigt werden, einschließlich des Beweisverfahrens in 4, 6 Wochen, ja oft noch schneller beendet sind.

Ausnahmsweise wird allerdings auch in dem vom Respizienten nach unserm Vorschlag vorbereiteten Hauptverhandlungstermin des Kollegialgerichts sich nachträglich herausstellen, daß noch weitere Beweiserhebungen zu machen sind, daß also der

Prozeß, trotz der Vorbereitung durch den Respizienten, noch nicht zum Urteil reif ist. Man wird den Vortrag neuer Behauptungen und neuer Beweismittel zwar durch Festsetzung von Kostennachteilen, wie auch durch ausgedehnte Befugnis des Gerichts zur Abweisung solcher Neuheiten sehr einschränken aber nicht vollständig ausschließen können.

Mit diesem auch unserem Verfahren noch anklebenden unvermeidlichen Mangel aber werden die großen positiven Vorteile unserer Reform in keiner Weise verringert. Man denke dabei aber auch daran, wie im jetzigen Verfahren die Erlassung mehrerer Beweisbeschlüsse hintereinander mit monatelangen Zwischenräumen durchaus nicht zu den Seltenheiten gehört!

Es sei dagegen aber auch noch eines weiteren Vorteils gedacht, den unser Reformvorschlag im Interesse der Prozeßbeschleunigung und der Erleichterung der überlasteten Kollegialgerichte unzweifelhaft noch nach sich ziehen wird. Das Interesse der Rechtsanwälte an schleuniger Erledigung der Prozesse einerseits, andererseits aber auch das Vertrauen, welches der umsichtige Respizient sich bei den Rechtsanwälten zweifellos nicht selten erwerben wird, hat jedenfalls zur Folge, daß die Rechtsanwälte in einer Reihe von Prozessen einfach die Entscheidung des Rechtsstreits selber, die Urteilserlassung im Wege der Prorogation dem Respizienten überlassen werden.

Manche Prozesse sind in der That so einfach zu entscheiden (z. B. Fälle, in denen die Entscheidung lediglich von einem zugeschobenen Eide abhängt), daß keiner der zwei Rechtsanwälte ein Interesse daran haben kann, zur Aburteilung des Falls noch das Kollegialgericht anzurufen. Andere Prozesse sind wieder thatsächlich so außerordentlich verwickelt, daß überhaupt nur der Respizient in das Prozeßmaterial einzudringen im stande ist, ein mündlicher Vortrag des ganzen Materials vor dem Kollegium aber kaum möglich und zum mindesten gänzlich fruchtlos ist.

Man denke an gewisse Baustreitigkeiten und Abrechnungssachen. Wenn nun in derartigen Sachen schwierige Rechtsfragen überhaupt nicht in Betracht kommen, oder wenn die Rechtsanwälte im Fall des Eingreifens solcher Rechtsfragen grade in die Persönlichkeit des betreffenden Respizienten besonderes Vertrauen setzen, da werden diese Sachen gewiß besser einfach dem Urteil des Respizienten anheim gestellt; die Rechtsanwälte werden froh sein, in solchen Sachen nicht noch in Barett und Talar eine zwecklose Komödie spielen zu müssen.

Endlich sei auch noch eines letzten, weniger bedeutenden Vorteils unseres Reformvorschlags gedacht, der jedoch immerhin im Interesse der Prozeßbeschleunigung in Betracht kommt.

Wir sind der Ansicht, daß unser Verfahren die lange Zeit der Gerichtsferien als eine oft sehr empfindliche Quelle der Justizverzögerung etwas weniger fühlbar für die denn doch auch zur Sommerszeit nach rascher Justiz dürstende Geschäftswelt machen würde.

Die Termine vor den Einzelrichtern in dem Teil der Gerichtsferien, wo der betreffende Respizient nicht beurlaubt ist, könnten dann sehr wohl stattfinden. Die Richter selber wenigstens werden damit wohl ohne weiteres einverstanden sein, weniger vielleicht die Rechtsanwälte, welche sich indessen immerhin durch Vereinbarung mit dem Gegenanwalt und durch Substituieren die nötige Zeit zur Sommerfrische frei erhalten können.

Unsere Reform würde das Kollegialgericht entlasten, sie würde aber auch seinen Mitgliedern noch in anderer Richtung höchst förderlich sein können.

Das jetzige Verfahren mauert gewissermaßen den Beisitzer förmlich ein, isoliert ihn vom Publikum, sperrt ihn auch ab von dem Verkehr mit dem Rechtsanwalt, von jeder direkten Berührung mit der Prozeßentwicklung. Nur vereinzelt im Beweisverfahren, aber da nur in der Marschroute des Beweisbeschlusses, thut der Beisitzer den Mund auf und giebt er spärliche Gelegenheit anders zu ihm zu reden, als im Talarstil.

Die Folgen dieser Einmauerung sind unausbleiblich und verhängnisvoll. Der Kollegialrichter verliert in dieser Vereinsamung nur zu leicht diejenige Beweglichkeit, Anstelligkeit, denjenigen praktischen Sinn, wodurch er vor der Versetzung zum Landgericht als Einzelrichter sich auszeichnete. Vor solcher Einrostung und Schwerfälligkeit wird er bewahrt bleiben auf dem Arbeitsfeld, das unsere Reformidee ihm zuweisen soll.

Der Respizient erhält auch im erhöhten Maße das jetzt einigermaßen durch die Rückendeckung des Kollegiums abgeschwächte Gefühl der persönlichen Verantwortlichkeit gegenüber Parteien, Rechtsanwälten und Kollegium. In diesem Bewußtsein liegt die vorzüglichste Garantie gegen etwaige Verirrungen des Respicienten, der zudem ja stets an seinem Präsidenten und Mitkollegen eine stets offene Quelle der Ratserteilung findet.

Vergessen wir übrigens, wenn wir Bedenken hegen gegen die zu große Selbständigkeit des Respicienten, auch nicht, daß bei der jetzigen Überfüllung der Verhandlungstermine, sowieso die Kollegiumsjustiz bei Lichte besehen häufig genug nur Respizientenjustiz ist!

Auch wir sind und bleiben im großen und ganzen Freunde des mündlichen Verfahrens. Doch wollen wir darum nicht des bloßen Princips der Mündlichkeit halber den Satz des alten Verfahrens „quod non in actis, non est in mundo“ einfach ersetzt haben durch den nicht minder unheilvollen Satz: „nur was die Rechtsanwälte reden, nur was die Richter hören, existiert für den Richter.“ Wie mancher gute Prozeß ist dem hoffnungsfreudigen Rechtsanwalt, wider alles Erwarten auch des Gegenanwalts, schon kläglich gescheitert zu Folge der für manchen Richter so außerordentlich bequemen Anwendung dieses Satzes.

Wie selten aber ist es möglich, nach solchem in erster Instanz erlittenen Schiffbruch das gescheiterte Prozeßwrack wieder in zweiter Instanz zur neuen glücklichen Ausfahrt zu reparieren!

Wir unsererseits sehen den Hauptnutzen des Mündlichkeitsprincips nicht in den Redeturnieren, welche geschickte und ungeschickte Rechtsanwälte vor aufmerksamen oder auch unaufmerksamen Richtern aufführen, sondern darin, daß zwischen Rechtsanwälten und Richtern (analog dem amtsgerichtlichen Verfahren) ein unmittelbarer mündlicher Verkehr stattfindet in dem Umfange, wie das ein jeder Prozeß zur Vorbereitung und Aufklärung grade bedarf.

Dieser lebendige Verkehr zwischen Richtern und Rechtsanwälten ist unseres Erachtens allein im stande, den jetzigen deutschen Prozeß vor der Versumpfung zu bewahren.

Ist seiner Zeit der gemeine deutsche Civilprozeß im Aktenstaub der Schriftlichkeit erstickt, so kann nur zu leicht der jetzige schmählich verkommen in dem trügerischen Komödienspiel einer scheinbaren Mündlichkeit.

Pierer'sche Hofbuchdruckerei Stephan Geibel & Co. in Altenburg.

FSC
www.fsc.org
MIX
Papier | Fördert gute Waldnutzung
FSC® C083411

Kolibri 360 GmbH
Ferdinand-Jühlke-Straße 7
99095 Erfurt, Deutschland
produktsicherheit@kolibri360.de

Druck:
CPI Druckdienstleistungen GmbH
im Auftrag der
Kolibri 360 GmbH
Ferdinand-Jühlke-Str. 7
99095 Erfurt